AF335933

HISTOIRE

DU

SIÉGE DE PARIS

(19 ~~JANVIER~~ *Septembre* 1870 — 28 JANVIER 1871)

MÉMORANDUM JOURNALIER

DONNANT D'APRÈS LES DOCUMENTS OFFICIELS LE RÉSUMÉ
DES ACTES DU GOUVERNEMENT DE LA DÉFENSE NATIONALE ET LES FAITS
DE GUERRE ACCOMPLIS PAR L'ARMÉE DE PARIS

Suivi

DE LA CONVENTION ENTRE MM. JULES FAVRE ET DE BISMARCK
DE LA PROCLAMATION ADRESSÉE PAR LE GOUVERNEMENT DE PARIS AU PEUPLE FRANÇAIS
DE LA RECAPITULATION DES PERTES SUBIES PAR LA POPULATION CIVILE
DURANT LE BOMBARDEMENT ;
DES DÉPARTS DE BALLONS ET DE LA FABRICATION DES PROJECTILES.

PARIS

J. MORONVAL, IMPRIMEUR - LIBRAIRE

65, RUE GALANDE, 65.

HISTOIRE
DU
SIÉGE DE PARIS

(19 SEPTEMBRE 1870 — 28 JANVIER 1871)

MÉMORANDUM JOURNALIER DONNANT D'APRÈS LES DOCUMENTS OFFICIELS
LE RÉSUMÉ DES ACTES DU GOUVERNEMENT DE LA DÉFENSE NATIONALE
ET LES FAITS DE GUERRE ACCOMPLIS PAR L'ARMÉE DE PARIS.

L'INVESTISSEMENT complet de Paris date du 19 septembre. Une dépêche officielle ainsi conçue en informe les habitants de Paris :

« Le réseau télégraphique de l'Ouest, le dernier qui permît de transmettre et de recevoir des dépêches, a été coupé le 19 septembre, à une heure.

» Le public ne devra donc pas s'étonner s'il ne trouve plus de communications télégraphiques affichées ou insérées dans le *Journal officiel*. »

Voici, jour par jour, le résumé des actes du gouvernement de la Défense nationale et les faits de guerre accomplis par l'armée de Paris :

19 SEPTEMBRE.

Actes Officiels. — Décrets portant abrogation de l'article 75 de la Constitution de l'an VIII. — Autorisant la constitution d'une société d'assurances mutuelles mobilières et immobilières contre les pertes matérielles causées par l'état de siége. — Levant l'état de siége dans les départements de l'Algérie. — Nommant les membres de la commission provisoire chargés de remplacer le conseil d'État parmi lesquels on remarque MM. de Jouvencel, ancien conseiller d'État ; Reverchon, ancien avocat à la cour de cassation ; Desmarets, ancien bâtonnier de l'ordre des avocats de Paris, conseillers ; Vavasseur et Laferrière, avocats, maîtres des requêtes. — Étendant les dispositions du décret du 6 septembre 1870 aux cotons en laine importés par la frontière de terre comprise entre Schlestadt et Dunkerque. — Nommant M. Clément Thomas, ancien commandant en chef des gardes nationales de la Seine, au commandement du 3e secteur, en remplacement de M. le général de Montfort démissionnaire.

Faits de Guerre. — Le général Vinoy attaque les Prussiens à Choisy-le-Roi. Les Français se replient sur le plateau de Villejuif.

Combat sanglant sur le plateau de Châtillon ; le général Ducrot abandonne une redoute après avoir fait enclouer les huit canons qui l'armaient.

Concentration définitive des troupes françaises dans l'intérieur de Paris.

Les forts de Romainville et de Noisy-le-Sec chassent l'ennemi de Noisy.

20 SEPTEMBRE.

Actes officiels. — Déclaration du gouvernement formulant ainsi sa politique : « Ni un pouce de notre territoire, ni une pierre de nos forteresses. »

Fermeture de la Bibliothèque nationale.

Faits de guerre. — L'armée prussienne prend ses positions offensives autour de Paris. Nos forts entretiennent une vigoureuse canonnade sur les rassemblements de troupes qu'ils peuvent découvrir à leur portée.

La compagnie d'éclaireurs Dumas-Sauvage repousse les attaques de la cavalerie bavaroise au pont de Sèvres. A sept heures du soir, la mine détruit le pont.

21 SEPTEMBRE.

Actes officiels. — Rapport approuvé du ministère de la guerre au gouvernement, émettant l'avis de régulariser la position de l'Ecole polytechnique, tous employés à la défense de Paris, en leur conférant le grade de sous-lieutenant, dont ils touchent déjà la solde.

Décrets : ordonnant la formation du train de la garde nationale pour le service de l'artillerie et des remparts, recruté dans le personnel de la Compagnie des omnibus et des petites voitures, et en chargeant M. Dubut-Saint-Paul, administrateur de la première ; — ordonnant que la Compagnie des omnibus formera un bataillon spécial de garde nationale, et tiendra, à la disposition du gouvernement, cent voitures attelées pour le transport des troupes blessées et munitions de guerre ; — ouvrant un crédit supplémentaire de 407,000 fr., au chapitre de la Préfecture de police, pour l'organisation d'un service d'inspection générale de l'affichage public.

Arrêtés : rétablissant provisoirement la taxe du pain ; — autorisant la Compagnie parisienne d'éclairage et chauffage par le gaz à retenir par voie de réquisition tous employés et ouvriers nécessaires à son service ; — interdisant l'entrée des monuments élevés ; — fixant comme suit la taxe de la viande :

Viande de bœuf.

1re catégorie : 2 fr. 10 c. le kilog.
2e catégorie : 1 fr. 70   »
3e catégorie : 1 fr. 30   »

Le filet et le faux-filet détachés ainsi que le rognon de chair ne sont pas soumis à la taxe.

Viande de mouton.

1re catégorie : 1 fr. 80 c. le kilog.
2e catégorie : 1 fr. 30   »
3e catégorie : 1 fr. 10   »

Faits de guerre. — Explosion du pont de Billancourt, occupation du château de Meudon par les Prussiens.

Les villages de l'Hay et Chevilly sont occupés également par eux ; en outre, ils marchent en forces sur la route de Sceaux, se dirigeant sur Cachan.

Duguy et le Bourget servent de point de concentration à des détachements prussiens qui élèvent un ouvrage de campagne entre le Bourget et la Cour-Neuve.

Beaucoup d'engagements d'avant-postes sur le plateau de Villejuif.

22 SEPTEMBRE.

Actes officiels. — Décrets nommant MM. Emmanuel Arago, Garnier-Pagès et Gambetta, membres du comité de défense ; MM. Rochefort, Dorian, Flourens, Jules Bastide, Martin Bernard, Floquet, A. Dréo, membres de la commission des barricades ; — ordonnant la formation d'un corps de génie volontaire.

Arrêtés : chargeant M. le commandant Caron de prendre toutes les mesures nécessaires pour augmenter la fabrication des cartouches et requérant pour ce fait le matériel et le personnel de la manufacture des tabacs ; — organisant le corps des ouvriers d'artillerie ; — ordonnant à M. le capitaine d'artillerie Pothier d'organiser un corps franc d'artillerie pour le service des mitrailleuses et autres engins de guerre ; — fixant ainsi le prix du pain : 1re qual., 45 cent. le kilogr. ; 2e qual., 38 cent. le kilogr.

Faits de guerre. — Attaque de nos francs-tireurs sur le parc du Raincy, les tirailleurs de l'ennemi sont repoussés. Engagement d'avant-postes sur les hauteurs de Brimborion.

Engagement contre la cavalerie prusienne à Rueil, l'ennemi est repoussé. A Créteil, à Mély et Montmély, il y a des rencontres assez meurtrières, nos troupes se retirent sous la protection du fort de Vincennes,

23 SEPTEMBRE.

Actes officiels. — Ajournement des élections municipales et des élections à l'assemblée constituante.

Décrets : déférant disciplinairement M. le premier président Devienne à la cour de cassation pour avoir gravement compromis la dignité des magistrats dans une négociation d'un caractère scandaleux ; — décidant que l'Etat contribuera pour un tiers dans les sommes votées par les conseils généraux de quatorze départements de l'Ouest qui se sont réunis pour organiser d'énergiques moyens de résistance ; — n'accordant la solde de 1 fr. 50 c. par jour qu'aux gardes nationaux qui n'ont pas d'autres ressources.

Une commission spéciale est chargée de fixer chaque semaine la taxe du pain.

Faits de guerre. — Occupation par la division Maud'huy du Moulin-Saquet, de Villejuif et de la redoute des Hautes-Bruyères. L'artillerie prussienne tire contre ces positions, nos troupes se maintiennent avec fermeté sous le feu, aidées par le fort de Bicêtre qui lance une grande quantité d'obus sur les positions ennemies.

Les Prussiens se massent en forces considérables en arrière d'Argenteuil.

Engagement très-vif au Bourget, l'ennemi se replie sur Bobigny.

Reconnaissance effectuée par le 28e de marche sur les hauteurs de Pierrefitte et de Montmorency. Nos troupes ne voulant pas occuper Pierrefitte se replient en bon ordre sur Saint-Denis, sous la protection du fort de La Briche.

24 SEPTEMBRE.

Actes officiels. — Nomination de M. Marc Dufraisse en qualité d'administrateur général des Bouches du Rhône ; — du général Guiod au commandement supérieur de l'artillerie ; — du général de division baron de Chabaud-Latour au commandement supérieur du génie de l'armée de Paris.

Faits de guerre. — Explosion du pont de Chatou.

Le fort du Mont-Valérien et la batterie de St-Ouen tirent à grande distance sur les travaux de l'ennemi, en avant de Montesson et de la carrière d'Orgemont.

25 SEPTEMBRE.

Actes officiels. — M. Henri Lefort est nommé préfet de la Haute-Loire, en remplacement de M. Béhaguel, destitué comme indigne.

Décrets : concernant le type et la légende du sceau de l'Etat ; supprimant les dépenses secrètes de sûreté publique ; — supprimant la commission de colportage.

Arrêté du maire de Paris autorisant le directeur de l'administration préfectorale et le directeur du service d'architecture à retenir les ouvriers nécessaires aux services des ambulances de rempart et dispensant du service de la garde nationale les médecins, pharmaciens, infirmiers, ainsi que toutes personnes considérées comme utiles à ce service.

M. Victor Lefranc se retire de la commission chargée de remplacer le conseil d'Etat.

Installation de boucheries de cheval.

Faits de guerre. — Calme absolu sur toute la ligne. Les Prussiens se massent à Choisy-le-Roi et à Mesly. A Bagneux, il y a des forces imposantes.

Le gouverneur de Paris fait une reconnaissance à Saint-Ouen, à Saint-Denis et à Aubervilliers, tandis que le ministre de la guerre visite les positions de Neuilly, Courbevoie, Boulogne et l'enceinte.

26 SEPTEMBRE.

Actes officiels. — Décrets autorisant l'administration des postes à envoyer les lettres par la voie d'aérostats montés et des cartes-poste par la voie d'aérostats non montés ; — déclarant que les lycées et les écoles ne pourront être mis en réquisition ; — ouvrant au budget de la ville de Paris, au chapitre de la préfecture de police, un crédit de 26,000 fr. pour compléter le matériel du régiment des sapeurs-pompiers.

Adjonction de M. Albert, ancien membre du gouvernement provisoire et de M. Cournet, à la commission des barricades. Cette commission s'est partagée en trois groupes dont MM. L. Ulbach, Ernest Blum et Émile Raspail, ont été nommés secrétaires.

Aux termes d'un arrêté du ministre de l'agriculture et du commerce, la viande de 500 bœufs et de 4,000 moutons sera mise chaque jour à la disposition des habitants de Paris. La viande en sera distribuée aux bouchers qui se sont fait inscrire dans leurs mairies et proportionnellement à leur clientèle.

Faits de Guerre. — L'ennemi se fortifie à Choisy-le-Roi. Reconnaissance effectuée à Neuilly-sur-Marne. Les Prussiens élèvent des ouvrages en terre à Dugny. Quelques détachements de leur cavalerie s'étendent de Grossay à Montmorency.

Grands mouvements de troupes sur la route de Versailles. Le Mont-Valérien lance des obus dans les taillis de Croissy ; les Prussiens battent en retraite sur Bougival.

27 SEPTEMBRE.

Actes officiels. —Nomination d'une commission des subsistances composée de MM. Simon, Ferry, Gambetta, Picard, Étienne Arago, Magnin, Cernuschi, Sauvage directeur du chemin de fer de l'Est ; Littré. — Institution de cours martiales à Vincennes, Saint-Denis et dans les 13e et 14e corps d'armée.

M. Trélat est nommé directeur des Quinze-Vingts.

M. de Fonvielle est nommé commandant des éclaireurs de la garde nationale.

M. Husson, directeur de l'Assistance publique, est admis à faire valoir ses droits à la retraite.

Un décret décide que pendant le siége, les crimes et délits commis par les gardes nationaux seront jugés par des conseils de guerre dits de la garde nationale.

Faits de guerre. — Une compagnie du 14e de ligne, aidée des tirailleurs parisiens du capitaine Lavigne, attaque les Prussiens à la ferme des Mèches. L'ardeur de nos troupes se brise contre les murs crénelés de cette position ; elles sont forcées à la retraite, qu'elles effectuent en bon ordre.

Calme parfait sur tous les autres points.

28 SEPTEMBRE.

Actes officiels. — M. Bresillion, avocat, est nommé membre de la commission chargée de remplacer le conseil d'État, en remplacement de M. V. Lefranc, démissionnaire.

Proclamation du général Trochú blâmant les arrestations continuelles de prétendus espions et les violations de domicile.

Autre proclamation défendant de franchir les lignes avancées aux personnes non munies d'un laissez-passer. —Proclamation du commandant supérieur des gardes nationales de la Seine remerciant la garde nationale de l'esprit de discipline dont elle a fait preuve et l'invitant à y persévérer. — Constitution d'un corps d'ingénieurs chargés de construire des casemates en dedans des remparts sous la direction de M. Tresca, et ouverture d'un crédit de 225,000 fr. à ce destiné.

Arrêté du ministre des finances : Art 1er. L'intérêt bonifié pour les versements anticipés, soit pour l'intégralité de un ou plusieurs termes, soit pour la libération entière du certificat de l'emprunt, quel qu'en soit le montant, est porté de 5 0/0 à 6 0/0 l'an.

Pendant la durée du siége le Trésor recevra les sommes qui lui seront versées contre les bons à courte échéance.

Faits de guerre. — Des Hautes Bruyères, on distingue un grand mouvement d'artillerie sur la route de Versailles.

Les rapports des divers chefs de corps ne signalaient d'engagement nulle part.

29 SEPTEMBRE.

Suppression de l'administration de l'Assistance publique, et constitution à sa place d'un conseil général des hospices du département de la Seine.

Réquisition des blés et farines. — Nominations dans le conseil des prises de MM. Desmarets, président; Tastu, Accarias et Laferrière.

Décrets autorisant les juges de paix et les notaires des localités envahies à exercer leurs fonctions à Paris à l'égard de leurs justiciables; — assurant le fonctionnement régulier du conseil de révision de la garde nationale; — disant que les jeunes gens engagés volontaires ou rappelés au service se trouvant dans les batteries d'artillerie ou compagnies de génie, attachés à la défense, peuvent recevoir pendant la durée de la guerre des lettres de service de sous-lieutenants auxiliaires d'artillerie ou du génie.

M. Jules Mahias, secrétaire général de la mairie de Paris, est nommé membre de la commission pour la taxe du pain.

Taxe de la viande de porc : viande fraîche, 2 fr. 30 le kil.; lard de poitrine, 2 fr. 50 le kil.; petit salé, 1 fr. 50 le kil.

Le trimestre des pensions sera payé régulièrement.

Note sur la Banque de France disant que l'émission des billets de 25 francs a atteint 2,325,000 fr. et qu'elle a, en outre, une réserve de 287,000 billets de même valeur, auxquels il ne manque que le numérotage.

Pas de faits de guerre.

30 SEPTEMBRE.

Actes officiels. — Suppression de la commission d'examen des ouvrages dramatiques et de la direction de la presse.

Décrets ordonnant la remise aux déposants des objets engagés au Mont-de-Piété depuis le 19 juillet 1870, consistant en vêtements, sommiers, matelas, couvertures, pour un prêt n'excédant pas 15 fr.; — autorisant les présidents, pendant la suspension des assises, à prononcer, après examen, la liberté provisoire des accusés. — Un arrêté du ministre de l'intérieur suspend toutes nouvelles inscriptions dans les bataillons de la garde nationale formés et toutes formations de nouveaux bataillons.

Faits de guerre. — Engagement très-vif de mousqueterie en avant de Saint-Denis. Le fort de l'Est et la Double-Couronne tirent sur le château et le village de Stains.

Les chasseurs de Neuilly exécutent une reconnaissance sur le plateau de Villejuif.

Les francs-tireurs des Lilas font une opération analogue du côté de Drancy. La redoute des Hautes-Bruyères canonne Chevilly et l'Hay.

Mouvement de cavalerie entre Garges et Dugny.

Combat dans le jardin de l'orphelinat de Meudon. Les chaloupes du capitaine Thomas-set secondent les troupes du général Blanchard, chargées de déboiser l'île de Billancourt.

1er OCTOBRE.

Actes officiels. — Rapport du ministre de la guerre au gouvernement de la défense nationale concernant la distribution des fusils de divers modèles.

Faits de Guerre. — Le général Schmitz s'étant présenté en parlementaire au village de l'Hay pour régler les conventions à intervenir pour la remise des blessés et l'enterrement des morts, aucun général ennemi ne s'est présenté, il lui a été répondu qu'on ne pouvait plus parlementer que sur la route de Créteil. — Remise du corps du général Guilhem à la Société internationale de secours aux blessés. — Plusieurs reconnaissances poussées de Noisy sur Bondy par quatre compagnies des 3e et 4e bataillons des éclaireurs de la Seine (commandant Poulizac) , et de Romainville sur Drancy, et le chemin de fer de Soissons, par les francs-tireurs des Lilas, (commandant Anquetil).

Reconnaissance faite en avant d'Issy et sur le Bas-Meudon par la brigade Susbielle, de la division Blanchard. Trois régiments prussiens forcés de se replier. Un bataillon de la Côte-d'Or prenait part à l'action; la flottille du commandant Thomasset soutenait l'opération au moyen de ses obus.

Ordre du jour du général Trochu remerciant le 13e corps de sa vaillante attitude dans la journée de la veille.

2 OCTOBRE.

Actes officiels. — Décrets: Déclarant que la statue de la ville de Strasbourg sera coulée en bronze ; — accordant un délai de trois mois aux locataires du département de la Seine pour le paiement du terme échéant le 1er octobre ; — régularisant les réquisitions portant sur les objets de première nécessité.

Faits de guerre. — Proclamation de Gambetta annonçant la capitulation de Toul et de Strasbourg.

Reconnaissance poussée sur les hauteurs de Montretout par une section de francs-tireurs du 2e bataillon du 28e régiment de mobile.

Les artilleurs de la mobile de Seine-et-Oise dispersent un poste établi par l'ennemi dans la redoute abandonnée de Montretout.

3 OCTOBRE.

Actes officiels. — Décrets : instituant des conseils de révision près les cours martiales ; — organisant les sections de la commission provisoire chargée de remplacer le conseil d'État ; — appliquant pendant la durée de la guerre, aux inscriptions hypothécaires, la suspension des prescriptions et péremptions en matière civile,

— formant un nouveau régiment d'infanterie de marche. — Arrêté instituant une commission pour la révision de la loi sur les aliénés.

Faits de guerre. — Hier, reconnaissance faite par un détachement du 19e de marche entre Bezons et Argenteuil. Cinq ou six ennemis tués ou blessés. De notre côté le sergent Rouzaud a la jambe traversée par une balle.

Autre reconnaissance faite au-delà de Bondy par le commandant Warnet avec sept compagnies de la garde mobile (Côtes-du-Nord, Finistère et 8e bataillon de la Seine.)

4 OCTOBRE.

Pas d'actes officiels.

Faits de guerre. — Gambetta annonce qu'une torpille vient de sauter à la porte de Sablonville.

Accident dans lequel la malveillance n'est pour rien. Huit personnes blessées, deux très-grièvement. Obsèques du général Guilhem à l'hôtel des Invalides.

5 OCTOBRE.

Actes officiels. — Rapport du préfet 'de police au gouvernement sur la suppression de la préfecture de police ; la concentration en une même main de la police judiciaire, administrative et politique n'a jamais rien eu de commun avec l'intérêt public, dit ce rapport ; elle n'a fait au contraire que servir le despotisme. Il faut profiter de la présence au pouvoir du nouveau gouvernement pour la faire disparaître et faire ainsi de la décentralisation effective. Le rapport conclut à ce que la police judiciaire soit rendue à la magistrature, la sûreté générale au ministre de l'intérieur, et la police municipale à la ville de Paris. Il convient enfin de supprimer dans la police toute intervention de la politique. C'est en même temps une réforme morale et réaliser sur le budget municipal et sur le budget de l'État une importante économie.

Faits de guerre. — Reconnaissance faite par trois compagnies de la Drôme et un peloton de spahis jusqu'à Neuilly-sur-Marne. Après une fusillade peu meurtrière, les nôtres se replient sous le fort de Nogent.

6 OCTOBRE.

Actes officiels — Décrets : licenciant le corps des cent-gardes ; — l'escadron des gendarmes d'élite.

Faits de guerre. — Reconnaissance faite par quatre compagnies du 5e bataillon de la mobile de la Seine, dans le village de Clamart.

Autre reconnaissance faite en avant du fort de Charenton par la compagnie des tirailleurs parisiens (capitaine Lavigne) et par une compagnie du 24e d'infanterie jusque sur la droite de Créteil.

Deux reconnaissances poussées par les francs-tireurs des Lilas sur Bondy. L'ennemi rejeté au-delà du canal de l'Ourcq par le pont de la Poudrette. Mort du lieutenant Mascret, atteint d'une balle à la sortie de Bondy.

Reconnaissance poussée sur les bords de la Seine, entre Chatou et Argenteuil, par les tirailleurs et les éclaireurs de la Seine, les tirailleurs des Ternes et les carabiniers de Neuilly, sous la conduite du général Ducrot et avec l'appui de cinq escadrons de cavalerie, de gendarmes, de dragons et de quelques artilleurs.

La grand'garde de Joinville envoie aux avant-postes prussiens deux obus qui déterminent la retraite de l'ennemi sur Champigny.

7 OCTOBRE.

Actes officiels. — Décrets : adjoignant le ministre de l'intérieur à la délégation de Tours, et chargeant le ministre des affaires étrangères de l'intérim du ministère de l'intérieur ; — faisant réquisition de toutes les denrées alimentaires et de tous les fourrages restés en souffrance ; — créant dans chacune des mairies de Paris un bureau d'assistance extérieure ; — nomination d'un membre de la commission relative aux écoles de la ville de Paris.

Faits de guerre. — Le 7 au matin, occupation du village de Cachan par nos troupes.

L'ennemi évacue la station de chemin de fer et le château de Meudon et s'établit en force au Haras et à la plaine des Bruyères.

Même jour, reconnaissance faite à Clamart par douze compagnies de gardes mobiles de la Seine (lieutenant-colonel Rambaud). De notre côté, 1 homme tué et trois blessés ; du côté de l'ennemi, une vingtaine d'hommes mis hors de combat.

8 OCTOBRE.

Actes officiels. — Décrets nommant divers lieutenants-colonels.

Faits de guerre. — Expédition sur la Malmaison, à laquelle ont pris part un détachement des tirailleurs des Ternes, un détachement des francs-tireurs sous le commandement du commandant Thierrard, 600 gardes mobiles des 7e bataillon de la Seine, 4e bataillon d'Ille-et-Vilaine et 1er bataillon de l'Aisne, le tout sous la direction du général Martenot ; les éclaireurs de la garde nationale de la Seine, commandant de Ribeoux ; les éclaireurs volontaires de la 1re division d'infanterie sous les ordres du commandant Molleton ; quatre batteries d'artillerie et quatre escadrons de cavalerie appartenant au 2e dragons et au 1er gendarmerie à cheval ; enfin les éclaireurs Franchetti.

L'ennemi est chassé de Bondy. Les localités trop rapprochées de nos travailleurs sont détruites par des pétards.

Affaire conduite par M. Bouzigou, commandant du bataillon d'infanterie de marine du fort de Noisy, et par le colonel Lafon, des éclaireurs de la Seine.

Pertes de notre côté, un tué et trois blessés.

9 OCTOBRE.

Actes officiels. — Décret concernant le délai accordé aux locataires habitant le département de la Seine, pour le payement de leurs loyers.

Faits de guerre. — La batterie de Courbevoie a tiré avec succès sur la cavalerie ennemie à Houilles.

10 OCTOBRE.

Actes officiels. — Décrets : portant abolition au cautionnement des journaux ; — établissant un virement de fonds affecté à la fabrication des armes de guerre par l'industrie privée ; — reportant à l'exercice 1870, budget du ministère des travaux publics, une somme de 2 millions de francs restés en 1869 sur les fonds du même chapitre ; ouvrant au ministère des travaux publics un crédit de 466,102 fr. 11 c. ; — ouvrant au ministère des travaux publics, sur les fonds de l'exercice 1870, un crédit de 600,000 fr. pour travaux d'amélioration dans le port de Dunkerque ; — décret plaçant dans les attributions du ministère de l'instruction publique, le palais du Luxembourg.

Faits de guerre. — Engagements avec l'ennemi, des compagnies campées dans les redoutes, à la Boissière, à Montreuil et de Noisy, et d'un bataillon des mobiles du Nord.

L'ennemi tire à obus et à mitraille et tue ou blesse un certain nombre des nôtres, mais bientôt son feu est éteint par celui de nos forts.

Le gouverneur de Paris visite le Moulin-Saquet, Villejuif et les Hautes-Bruyères, qu'il trouve en bon état de défense.

11 OCTOBRE.

Actes officiels. — Décrets : augmentation d'un mois la prorogation de délais relatifs aux effets de commerce ; — accordant au ministre des finances un crédit de 100,000 fr. pour les objets y désignés ; — nommant le préfet de police.

Rapport au gouvernement de la défense nationale, par le ministre de la guerre, concernant les corps-francs.

Décret relatif à l'organisation de ces corps, nommant au grade de colonel d'état-major M. Warnet (Charles-Auguste-Louis).

Faits de guerre. — Un obus lancé d'une redoute tue une dizaine de Prussiens dans une maison en avant de Bourg-la-Reine.

Le général Blanchard occupe la maison Millaud, avant-poste ennemi menaçant Cachan.

Le brigadier Vieillard, du 1er escadron de la légion de cavalerie de la garde nationale envoyé en reconnaissance a le bras traversé par une balle et son cheval tué sous lui.

12 OCTOBRE.

Décrets : ouvrant au ministre de la guerre un supplément de crédit s'élevant à 269 millions ; — organisant les conseils de guerre de la garde nationale ; — ordonnant que les articles de lingerie engagés au Mont-de-Piété soient rendus aux déposants ; — nommant M. Charpentier chef de bataillon au 42e de ligne, au grade de lieutenant-colonel.

Faits de guerre. — Reconnaissance faite par le 7e régiment des gardes mobiles (Tarn), sous le commandement du lieutenant-colonel Reille dans le bois de Neuilly et sur lo plateau d'Avron.

A cette expédition prennent part des spahis et une division du 1er régiment de chasseurs.

L'ennemi est refoulé en arrière du village de Villemomble.

Autre reconnaissance poussée par le général Ducrot au-delà de la Malmaison, avec les éclaireurs Dumas, les éclaireurs de la ligne (commandant Lopez), les mobiles du Morbihan.

Les batteries prussiennes réduites au silence par les nôtres sont poursuivies dans leur retraite par les obus du Mont-Valérien.

13 OCTOBRE.

Actes officiels. — Décret relatif aux cas dans lesquels il serait nécessaire d'annuler l'élection des officiers de la garde mobile. — Nomination de M. Hérisson, maire du 6e arrondissement, comme adjoint au maire de Paris. M. Robinet, adjoint au maire du 6e arrondissement, est nommé maire du même arrondissement.

Arrêté du ministre de l'agriculture et du commerce : concernant la déclaration par leurs propriétaires des animaux qu'ils possèdent, en bœufs, vaches, veaux, moutons et porcs ; — fixant la taxe de la viande de boucherie au même taux que précédemment.

Faits de guerre. — La division du général Blanchard (13e corps) fait une reconnaissance offensive.

Elle est divisée en trois colonnes, celle de droite (13e de marche) agit dans la direction de Clamart ; celle du centre, général Susbielle, sur Châtillon ; celle de gauche, mobiles de la Côte-d'Or et de l'Aube, colonel de Grancey, sur Bagneux.

Bons mouvements protégés par les forts de Montrouge, de Vanves et d'Issy.

Bagneux est enlevé par les mobiles de la Côte-d'Or, avec le secours du 1er bataillon de l'Aube, dont le commandant de Dampierre tombe glorieusement.

Les marins du fort de Montrouge prennent part à l'action.

Deux barricades construites par l'ennemi sont enlevées à Châtillon.

Deux batteries prussiennes, l'une près de la Tour-à-l'Anglais, l'autre vers Châtillon, se démasquent, mais leur feu est éteint par les canons de Vanves et d'Issy.

Du côté de Clamart, les nôtres occupent le Moulin-de-Pierre.

L'ennemi a laissé plus de 300 morts dans Bagneux, un grand nombre dans Châtillon.

Chiffre connu des prisonniers : 100.

14 OCTOBRE.

Actes officiels. — Décrets : remettant en vigueur le décret du 7 août 1848 sur le jury ; — instituant un conseil de contrôle chargé de la vérification des comptes de la garde nationale ; — dispensant les inventeurs de verser immédiatement la première annuité de leur brevet ; — nommant MM. David et Laferrière commissaires du gouvernement près la commission remplaçant le conseil d'Etat.

Lettre du général Trochu au maire de Paris sur l'organisation des bataillons mobilisables de la garde nationale.

Faits de guerre. — Combats de Bagneux, Châtillon et Clamart.

Mort de M. de Dampierre, commandant des mobiles de l'Aube.

Coup de main heureux sur Menil par les éclaireurs de la garde nationale commandés par le commandant Thierrard.

15 OCTOBRE.

Actes officiels. — Décret admettant les déposants aux caisses d'épargne pour faire une nouvelle demande de remboursement en espèces.

Faits de guerre. — Le Gouverneur de Paris visite les positions situées à l'est de Vincennes.

La redoute de la Gravelle lance des obus sur Montmesly. Nos troupes occupent Créteil. Combat à Bondy entre les éclaireurs du colonel Lafon et un détachement bavarois. L'ennemi effectue un mouvement rétrograde. Le bastion n° 2 accable de mitraille des patrouilles ennemies qui font des pertes sensibles.

16 OCTOBRE.

Actes officiels. — Arrêté portant création des compagnies de pourvoyeurs.

M. André Cochut, publiciste, est nommé directeur du Mont-de-Piété de Paris, en remplacement de M. Ledieu. — M. Bertillon est nommé maire du 5ᵉ arrondissement. — M. Vavasseur, maître des requêtes, est nommé membre du conseil des prises, en remplacement de M. Accarias. — M. Delvincourt est nommé receveur central de la Seine, en remplacement de M. Sapia.

Arrêté fixant la taxe de la viande de cheval : 1ʳᵉ catégorie, 1 fr. 80 c. le kilo. ; 2ᵉ catégorie, 1 fr. 40 c. le kilo. ; 3ᵉ catégorie, 80 c. ; — du maire de Paris, portant qu'il ne sera perçu aucun droit de place ni aucune contribution de balayage dans les marchés y désignés.

Faits de guerre. — Les Prussiens occupent la partie nord de Champigny se replient sous le feu de la redoute de la Faisanderie.

La redoute de Gravelle et le fort de Charenton lancent des obus sur Borneuil, Montmesly et le carrefour de Pompadour.

Nos éclaireurs placés en embuscade de nuit à Créteil enlèvent une patrouille prussienne.

17 OCTOBRE.

Actes officiels. — Décrets portant formation d'une compagnie de gardes nationaux mobilisés dans chaque bataillon de la garde nationale sédentaire.

Exposé des travaux de défense de Paris.

Faits de guerre. — Le général Berthaut attaque les travaux de l'ennemi au pont d'Argenteuil. Les zouaves échangent de nombreux coups de feu avec les tirailleurs de l'ennemi qui effectuent leur retraite.

18 OCTOBRE.

Actes officiels. — Décret nommant juge de paix du troisième arrondissement de Paris, M. Rozière, juge de paix du vingtième arrondissement, en remplacement de M. Lobey. — Juge de paix du vingtième arrond., M. Hemerdinger, avocat à la cour d'appel de Paris, en remplacement de M. Rozière, nommé juge de paix du troisième arrondissement. — Juge de paix du canton de Vincennes (Seine), M. Cartier (Edouard), avocat à la cour d'appel de Paris, en remplacement de M. Pugeault, nommé juge de paix du treizième arrondissement.

Arrêté du ministre de l'agriculture et du commerce relatif à la réquisition des fourrages.

Faits de guerre. — Pas de rapports militaires.

19 OCTOBRE.

Actes officiels. — Décrets ordonnant de former deux nouveaux régiments d'infanterie de marche ; — supprimant la commission instituée pour la surveillance des sociétés de secours.

Arrêtés concernant la formation des compagnies de volontaires pris dans la garde nationale sédentaire ; — faisant réquisition des denrées y désignées ; — ordonnant la formation d'un corps de train par la compagnie des omnibus.

M. Théodore Duret, homme de lettres, est nommé adjoint au maire du 9ᵉ arrondissement.

Faits de guerre. — Les forts continuent à tirer sur les travaux de l'ennemi.

20 OCTOBRE.

Actes officiels. — Décret autorisant la Société d'assurances mutuelles en cas de décès entre les gardes nationaux de la Seine.

Faits de guerre. — Pas de rapports militaires.

21 OCTOBRE.

Actes officiels. — Décrets concernant les roulements des cours et tribunaux ; — autorisant les maires à adjoindre aux comités d'arrondissement, institués par un arrêté précédent, les comités d'armement de leur arrondissement.

Faits de guerre. — Une sortie composée de trois groupes (généraux Berthaud, Noël et colonel Cholleton), est faite sous les ordres du général Ducrot, sur le pays situé entre la station de Reuil et la ferme de Fouilleuse, comprenant Buzenval, La Malmaison, La Jonchère et Bougival. Nous avons mis en ligne 6,450 hommes d'infanterie, 2 escadrons de cavalerie et 8 bouches à feu. Le combat a duré de 1 heure à 5 heures. « Nous avons eu devant nous la 9e division du 5e corps prussien, une fraction du 4e corps et un régiment de la garde. Ces troupes ne nous ont opposé qu'une force d'artillerie inférieure à la nôtre. En résumé, le but a été atteint, c'est-à-dire que nous avons enlevé les premières positions de l'ennemi, que nous l'avons forcé à faire entrer en ligne des forces considérables qui, exposées pendant presque toute l'action au feu de notre artillerie, ont dû éprouver de grandes pertes ; le fait est d'ailleurs constaté par les récits de quelques prisonniers que nous avons pu ramener ; les éclaireurs Franchetti se sont particulièrement distingués. L'état général de nos pertes pour la journée du 21 consiste en : officiers, 2 tués, 15 blessés, 11 disparus ; troupe, 32 tués, 230 blessés et 153 disparus. Total : 443.

22 OCTOBRE.

Actes officiels. — Sont nommés membres de la commission provisoire chargée de remplacer le conseil d'État :

1° Pour remplir les fonctions de conseiller d'État : MM. Arnaud, de l'Ariège, ancien représentant, avocat à la cour d'appel de Paris, et Lamé-Fleury, ingénieur en chef des mines ;

2° Pour remplir les fonctions de maîtres des requêtes : MM. Fabas (Théodore), ancien maître des requêtes ; et Léveillé (Jules), professeur agrégé de la Faculté de droit de Paris.

Arrêtés : du gouvernement de Paris instituant une commission supérieure d'inspection du service des blessés civils et militaires de l'armée de Paris, et y nommant les membres ; — du gouverneur de Paris relatif aux instructions pour la réunion et la mise en route des voitures destinées à l'enlèvement des blessés.

Arrêtés : du ministre de l'agriculture et du commerce, relatif à la vente des chevaux destinés à l'alimentation ; — taxant la viande de bœuf et de mouton.

Faits de guerre. — Une patrouille du fort de Nogent enlève 22 sacs de légumes à un détachement ennemi.

23 OCTOBRE.

Actes officiels. — Décret autorisant l'envoi par ballons de mandats-poste d'une valeur de 300 francs au maximum.

Faits de guerre. Pluie intense. — Pas de mouvements de troupes.

24 OCTOBRE.

Actes officiels. — Décret autorisant le ministre de la guerre à reprendre dans les légions de gendarmerie ou de sapeurs-pompiers, les anciens artilleurs.

Faits de guerre. — Une reconnaissance du fort de Charenton découvre une tranchée de l'ennemi à 1,200 mètres de Créteil dans le but de se mettre en communication avec la Marne et l'île Saint-Julien.

25 OCTOBRE.

Actes officiels — Décret assimilant, pour l'avancement, les officiers démissionnaires retraités, employés dans l'armée active comme auxiliaires pour la durée de la guerre, aux autres officiers du corps ou de l'arme dont ils font partie ; — ordonnant que les bâtiments et jardins faisant partie de la dotation immobilière de l'ancienne liste civile, en ce qui touche la conservation et l'entretien, seront rattachés au ministère des travaux publics, direction des bâtiments civils.

Faits de guerre. — Pluie intense. Pas de mouvements de troupes.

26 OCTOBRE.

Actes officiels. — Décret requérant toutes les peaux de mouton, chabraques, paletots, peaux de chèvres existant dans les magasins de la halle aux cuirs, sans destination connue.

Faits de guerre. — Pas de rapports militaires.

27 OCTOBRE.

Actes officiels. — Décret exemptant les étrangers qui ont pris part à la défense de la patrie du délai d'un an exigible pour la naturalisation ; — arrêté mettant des bons de pain à la disposition des familles nécessiteuses des communes du département de la Seine ; arrêté du ministre de l'intérieur nommant M. Michel Moring agent général des hospices ; — la rue du Cardinal-Fesch portera désormais le nom de rue de Châteaudun.

Faits de guerre. — D'après des renseignements certains sur les travaux et les mouvements de l'ennemi, la batterie Mortemart, le Mont-Valérien, les batteries 63 et 64 de l'enceinte ont, dans l'après-midi, couvert de feux, Brimborion et l'Orangerie de Saint-Cloud. Sur ce dernier point, des soldats en grand nombre ont pris la fuite en tous sens. Les forts d'Issy et de Vanves ont, de leur côté, tiré sur des travailleurs ennemis vers la tour des Anglais et le moulin de Châtillon, et les ont forcé d'abandonner la place.

28 OCTOBRE.

Actes officiels. — Décrets ordonnant que les présidents de sociétés de secours mutuels seront élus par les sociétaires.

Arrêtés : chargeant le président du tribunal de commerce de la Seine de nommer l'expert chargé de représenter les intérêts des déclarants des blés et farines ; — fixant le budget de l'enseignement primaire communal de la ville de Paris à 16,027,941 francs.

Faits de guerre. — Prise du Bourget et de Drancy par les francs-tireurs de la Presse, malgré une vive canonnade de l'ennemi ; une vingtaine de blessés et quatre ou cinq tués de notre côté.

29 OCTOBRE.

Pas d'actes officiels.

Faits de guerre. — Les Prussiens canonnent fortement le Bourget et font, pour le reprendre, une tentative qui y est repoussée.

30 OCTOBRE.

Pas d'actes officiels.

Faits de guerre. — Reprise du Bourget par les Prussiens qui, au nombre de 15,000 environ, appuyés par une trentaine de pièces d'artillerie, attaquent le village de front et en flanc par la route de Drancy. Une partie du 14e bataillon de mobile se laisse cerner dans le Bourget et est faite prisonnière. Le commandant du bataillon, M. Ernest Baroche, se fait tuer.

31 OCTOBRE.

Pas d'actes officiels.

Faits de guerre. — La proclamation du gouvernement annonçant la reddition de Metz, la nouvelle de l'arrivée de M. Thiers au quartier-général prussien, pour y traiter de l'armistice, la reprise du Bourget par les Prussiens, connues dans la soirée de la veille, excitent une vive émotion à Paris.

Vers deux heures, des groupes nombreux se forment sur la place de l'Hôtel-de-Ville. Excités par les journaux avancés et les déclamations de leurs chefs de bataillon, les gardes nationaux de Belleville, notamment les bataillons connus sous le nom de « tirailleurs de Flourens, » envahissent l'Hôtel-de-Ville et essayent d'y installer une Commune révolutionnaire composée de Flourens, Delescluze, Blanqui, Félix Pyat, Ledru-Rollin, Ranvier, Jules Mottu, etc.

A huit du soir, le 106e bataillon délivre les membres du gouvernement provisoire retenus prisonniers par des *communalistes* et remet l'ordre dans Paris.

Vers neuf heures, une affiche convoque les électeurs pour le lendemain à l'effet d'élire la municipalité de Paris.

1er NOVEMBRE.

Actes officiels. — Décrets réservant exclusivement la décoration de la Légion d'honneur à la récompense des services militaires ; — supprimant la garde impériale ; — ouvrant un crédit de 40,000 fr. pour être affecté à la construction des ballons, et chargeant M. Dupuy de Lôme de s'occuper de l'exécution et de la direction des travaux « avec toute l'activité possible ; » — appelant à l'activité les jeunes gens qui forment le contingent de la classe de 1870 ; — instituant une commission chargée d'assurer la bonne exécution et la complète utilisation des commandes d'armes, munitions et matériel de guerre, faites soit par le gouvernement, soit à la suite des souscriptions dues à l'initiative privée

Arrêtés : faisant réquisition du poisson qui existe dans les parties de la Marne et de la Seine encore accessibles et dans le canal St-Martin, ainsi que dans les lacs du bois de Boulogne et Vincennes ; — fixant le nombre des chevaux destinés à l'alimentation qui pourront être vendus au marché aux chevaux.

Faits de guerre. — Pas de rapports militaires.

2 NOVEMBRE.

Pas d'actes officiels ; pas de faits de guerre.

3 NOVEMBRE.

Actes officiels. — Décret nommant le général Clément Thomas commandant supérieur de la garde nationale, en remplacement du général Tamisier, démissionnaire. — Proclamation du gouvernement et du ministre de l'intérieur, félicitant la population de la tranquillité qui a présidé au vote, et la remerciant de l'éclatante majorité qui vient de sortir de l'urne électorale. Le gouvernement, appuyé sur la confiance de la population, n'en aura que plus de force pour poursuivre le double but qu'il s'est toujours proposé : le maintien de l'ordre et l'organisation de la défense nationale.

Pas de faits de guerre.

4 NOVEMBRE.

Pas d'actes officiels.

Faits de guerre. — Les forts dirigent un feu violent sur les travaux de l'ennemi. Les mouvements que les troupes prussiennes commençaient à effectuer ne peuvent se continuer à cause de l'énorme distance à laquelle portent les canons de nos forts.

5 NOVEMBRE.

Pas d'actes officiels; pas de faits de guerre.

6 NOVEMBRE.

Pas d'actes officiels; pas de faits de guerre.

7 NOVEMBRE.

Pas d'actes officiels; pas de faits de guerre.

8 NOVEMBRE.

Pas d'actes officiels; pas de faits de guerre.

9 NOVEMBRE.

Actes officiels. — Décret concernant la nouvelle composition des bataillons de la garde nationale : — Article 1er. Chaque bataillon de la garde nationale sera composé, suivant son effectif, de huit à dix compagnies. — Art. 2. Les quatre premières compagnies, dites *compagnies de guerre*, auront chacune un effectif de 100 hommes, cadre compris, dans les bataillons dont l'effectif est de 1,200 et au-dessous, et de 125 hommes, cadre compris, dans les bataillons ayant plus de 1,200 hommes. Ces compagnies seront fournies par les hommes valides des catégories ci-dessous, en suivant l'ordre des catégories, et en ne prenant dans l'une d'elles que lorsque la catégorie précédente aura été épuisée : 1° volontaires de tout âge; 2° célibataires ou veufs sans enfants de 20 à 35 ans; 3° célibataires ou veufs sans enfants de 35 à 45 ans; 4° hommes mariés ou pères de famille de 20 à 35 ans; 5° hommes mariés ou pères de famille de 35 à 45 ans. — Art. 3. Les autres compagnies, destinées au service de la défense, ayant autant que possible un effectif uniforme, comprendront le reste du bataillon. Elles constitueront le dépôt et fourniront les hommes nécessaires pour combler les vides faits dans les compagnies de guerre. (Le reste du décret n'a trait qu'à l'organisation.) — Ce décret a besoin d'être bien compris. Il ne crée pas de nouveaux bataillons, mais organise, sur la base de distinctions nouvelles, ceux qui existaient déjà. Seulement il devra être modifié dans l'application. L'intention du gouvernement est évidemment de faire marcher les célibataires en première ligne. **Or, les anciens bataillons se composent presque uniquement de gens mariés tandis que les nouveaux contiennent un grand nombre de célibataires.** Il faudra donc nécessairement, pour rester fidèle à l'esprit du décret, rétablir l'équilibre en faisant des versements d'un bataillon dans l'autre.

Arrêté du ministre de l'agriculture faisant réquisition de toutes bêtes à cornes et à laine existant dans Paris, sous peine de confiscation pour défaut de déclaration dans les délais fixés.

Avis des délégués de la Mairie de Paris requérant les matières salpêtrées qui existent sur les monuments publics et les maisons privées.

Faits de guerre. — Forte canonnade. Bicêtre, les Hautes-Bruyères, Vanves et le Mont-Valérien lancent quantité d'obus. Au Bourget, le feu du fort d'Aubervillers cause des pertes sensibles aux Prussiens.

10 NOVEMBRE.

Actes officiels. — Décret prorogeant d'un mois à partir du 14 novembre les délais relatifs aux effets de commerce.

Faits de guerre. — Le feu de nos forts continue à faire éprouver des pertes sensibles à l'ennemi.

11 NOVEMBRE.

Pas d'actes officiels.

Faits de guerre. — L'ennemi démolit une partie du mur du cimetière de Choisy-le-Roi et démasque une batterie. La redoute du Moulin-Saquet tire sur cette batterie qu'elle détruit en partie. Engagement de tirailleurs entre Villejuif et le chemin de l'Hay.

12 NOVEMBRE.

Actes officiels. — Décret appelant à l'activité les jeunes gens de 25 à 35 ans, célibataires ou veufs sans enfants du département de la Seine.

Pas de faits de guerre.

13 NOVEMBRE.

Pas d'actes officiels.

Faits de guerre. — Le feu de la redoute de Gravelle bouleverse les travaux de l'ennemi à Montmesly. Nos troupes occupent définitivement Créteil. Expédition heureuse du capitaine Neverlée.

14 NOVEMBRE.

Pas d'actes officiels; pas de faits de guerre.

15 NOVEMBRE.

Pas d'actes officiels.

Faits de guerre. — Le fort de Charenton entretient un feu violent sur les ouvrages de Thiais. Le capitaine Lavigne, à la tête des tirailleurs parisiens, fait subir des pertes sérieuses à l'ennemi dans une attaque sur Champigny. Sur toute la ligne de nos forts du Sud et du Sud-Ouest le feu est des plus intenses.

16 NOVEMBRE.

Actes officiels. — Décret acceptant la démission de M. Etienne Arago, maire de Paris, et nommant à sa place M. Jules Ferry en qualité de délégué à la mairie centrale M. Arago ayant pensé lui-même que la mairie centrale n'était plus compatible avec la situation nouvelle, c'est avec un regret extrême que le gouvernement a dû se séparer de lui.

Faits de guerre. — Brillantes reconnaissances du commandant Poulizac à Drancy. Le Mont-Valérien accable de projectiles St-Cloud, Montretout et Reuil.

17 NOVEMBRE.

Pas d'actes officiels.

Faits de guerre. — Les Prussiens sont chassés de Champigny définitivement. Le fort de Charenton canonne Choisy-le-Roi.

18 NOVEMBRE.

Pas d'actes officiels.

Faits de guerre. — Le gouverneur de Paris visite la presqu'île de Gennevilliers. La canonnade est incessante des forts du Sud et du Mont-Valérien.

19 NOVEMBRE.

Pas d'actes officiels; pas de faits de guerre.

20 NOVEMBRE.

Pas d'actes officiels.

Faits de guerre. — Les forts de Bicêtre, Montrouge, Issy et Vanves tirent sans relâche sur les travaux de l'ennemi. Le feu est tellement bien dirigé que sur beaucoup de points l'ennemi évacue ses avancées.

21 NOVEMBRE.

Actes officiels. — Arrêté du gouverneur de Paris interdisant tout affichage et placards de journaux, feuilles publiques ou écrits politiques de même nature.

Faits de guerre. — Divers combats à Villetaneuse. Tentative de surprise effectuée par des soldats prussiens déguisés en maraudeurs; ils sont repoussés.

22 NOVEMBRE.

Actes officiels. — Décret portant réquisition des pommes de terre.

Arrêté décidant qu'à partir du 30 novembre la compagnie du gaz cessera toute livraison aux particuliers et aux établissements publics.

Faits de guerre. — Continuation du feu de nos forts, rien de particulier à signaler.

23 NOVEMBRE.

Pas d'actes officiels; pas de faits de guerre.

24 NOVEMBRE.

Actes officiels. — Arrêté du gouverneur interdisant aux journaux toute publication relative aux mouvements de troupes et mesures militaires.

Faits de guerre. — Combats heureux d'avant-postes sur la Marne.

Les positions de Meudon et de Châtillon sont toujours canonnées par nos forts.

Une reconnaissance dans la presqu'île de Gennevilliers, tentée par l'ennemi, a été repoussée par nos avant-postes.

25 NOVEMBRE.

Pas d'actes officiels.

Faits de guerre — Le 72e bataillon de guerre de la garde nationale et le 4e bataillon des éclaireurs de la Seine, sous le commandement supérieur du capitaine de frégate Massion, enlèvent les barricades élevées par les Prussiens dans la grande rue de Bondy. Après ce brillant fait d'armes, nos troupes regagnent leurs anciennes positions dans un ordre parfait.

26 NOVEMBRE.

Actes officiels. — Décrets : ordonnant la réquisition de toutes les huiles de pétrole épurées existant dans les magasins publics et privés de Paris et de la banlieue, que ces huiles aient été ou n'aient pas été l'objet de déclarations antérieures; — établissant un recensement exact des chevaux, ânes et mulets existant à Paris et dans la banlieue, afin de dresser la statistique de ceux de ces animaux qu'il convient de conserver pour les services publics de toute nature.

Pas de faits de guerre.

27 NOVEMBRE.

Actes officiels. — Décrets : cinq bourses entretenues aux frais de l'État dans les lycées nationaux seront affectées par voie de concours aux élèves des écoles primaires publiques ou libres du département de la Seine; — cinq bourses entretenues aux frais de l'État dans l'école normale primaire de jeunes filles de la ville de Paris, seront affectées par voie de concours aux élèves des écoles primaires publiques ou libres du département de la Seine; — tout officier de la garde nationale révoqué, tout sous-officier cassé de son grade ne pourra être réélu qu'aux élections générales.

A partir de ce jour, les barrières des portes de l'enceinte sont fermées à la circulation jusqu'à nouvel ordre, et ne s'ouvriront que pour le passage des troupes, du matériel, des convois de voitures militaires ou civils au service de l'armée, des militaires isolés, des ingénieurs et ouvriers appelés au dehors pour des travaux militaires.

Pas de faits de guerre.

28 NOVEMBRE.

Actes officiels. — Décrets : les gardes nationaux du département de Seine-et-Oise, non incorporés dans les bataillons de la Seine formeront une légion appelée légion de Seine-et-Oise; — un subside complémentaire de 0 fr.

75 cent. par tête est accordée aux femmes des gardes nationaux qui reçoivent le subside de 1 fr. 50 cent. établi par le décret du 13 septembre 1870. Ce subside sera payé directement aux femmes qui y ont droit.

Pas de faits de guerre.

29 NOVEMBRE.

Pas d'actes officiels; pas de faits de guerre.

30 NOVEMBRE.

Pas d'actes officiels.

Faits de guerre. — L'action s'engage vivement sur plusieurs points. Toutes les divisions de l'armée du général Ducrot passent la Marne, occupent les postes qui leur étaient assignés. Le gros de l'affaire est à Cœuilly et à Villiers-sur-Marne.

1ᵉʳ DÉCEMBRE.

Pas d'actes officiels.

Faits de guerre. — Nos troupes restent ce matin sur les positions qu'elles ont conquises hier et occupées cette nuit. Elles relèvent les blessés que l'ennemi a abandonnés sur le champ de bataille et ensevelissent ses morts.

Le transport de nos blessés achève de s'effectuer avec le plus grand ordre.

L'armée est pleine d'ardeur et de résolution.

2 DÉCEMBRE.

Pas d'actes officiels.

Faits de guerre. — A l'aube, l'ennemi a attaqué les positions de l'armée du général Ducrot avec la plus grande violence.

Nos troupes étaient prêtes à recevoir le combat. Un développement considérable d'artillerie, appuyé par les positions d'Avron, des forts de Nogent, de la Faisanderie, de Gravelle, des redoutes de Saint-Maur, du fort de Charenton, a empêché l'ennemi de gagner du terrain.

Les dernières nouvelles du champ de bataille sont d'une heure quarante-cinq minutes. L'infanterie prussienne se repliait dans les bois, et jusqu'à présent nous avons l'avantage. Aussitôt la nouvelle de l'attaque, le chef d'état-major général a demandé des troupes au général Vinoy, au général Clément Thomas, qui avait déjà conduit lui-même sur les lieux les trente-trois bataillons de la garde nationale.

Les généraux de Beaufort et de Linières ont été prévenus de tenir leurs troupes prêtes, et nos positions du sud, sous les ordres du général Vinoy, appuient la bataille par une vigoureuse diversion.

3 DÉCEMBRE.

Actes officiels. — La ville de Paris est autorisée à prélever une nouvelle somme de cinq millions sur celle de soixante-trois millions que l'article 3 de la loi du 3 juillet 1870 l'a autorisée à se procurer au moyen de l'émission de bons de la caisse municipale, pour exécution de travaux neufs, et à employer ladite somme de cinq millions aux dépenses de toute nature faites ou à faire par suite de la guerre, consistant soit en travaux, soit en secours.

Il est ouvert à la ville de Paris, sur les fonds généraux du budget de 1870, un crédit de cinq cent mille francs qu'elle emploiera à l'établissement de nouveaux fourneaux économiques à l'usage de la population parisienne.

Faits de guerre. — Dès le point du jour les Prussiens ont commencé une série d'attaques d'avant-postes précédées d'une courte canonnade. Le calme est revenu promptement sur nos positions de la Marne.

Avron a continué son feu pour inquiéter les convois incessants de l'ennemi, dans la direction de Chelles.

Les Prussiens ont fait hier des pertes considérables; de nombreux convois de blessés quittant dès midi le champ de bataille, étaient signalés par toutes nos vigies.

D'après des renseignements émanant des prisonniers, des régiments entiers auraient été écrasés.

L'armée du général Ducrot bivaque, cette nuit, dans le bois de Vincennes; elle a repassé la Marne dans la journée, et elle a été concentrée sur ce point pour donner suite à ses opérations.

Environ 400 prisonniers prussiens, dont un groupe d'officiers, ont été amenés aujourd'hui dans Paris.

4 DÉCEMBRE.

Actes officiels. — La légion de la garde nationale de Seine-et-Oise est formée de cinq bataillons, dont le nombre pourra être ultérieurement augmenté, s'il y a lieu.

Faits de guerre. — Appel à la population de Paris, par le Gouvernement de la défense nationale.

5 DÉCEMBRE.

Actes officiels. — Les porteurs d'inscriptions nominatives ou de coupons de rentes 3 pour cent qui veulent avoir l'assurance d'être payés à jour fixe du montant des arrérages de leurs rentes échéant le 1ᵉʳ janvier 1871, sont invités à déposer leurs titres, quel qu'en soit le nombre, à partir du 10 jusqu'au 17 décembre, de neuf à deux heures, au Trésor public, dans les bureaux de la galerie des rentes, rue de Luxembourg, 2.

Faits de guerre. — Le commandant Poulizac rentre d'une reconnaissance poussée vers Aulnay avec vigueur. Il a été assez heureux pour ne pas avoir un blessé dans l'enlèvement des trois postes du chemin de fer de Soissons. Sept Prussiens sont restés sur place. Ses hommes rapportent trente sacs, quarante casques, deux fusils, des marmites, des couvertures, etc.

6 DÉCEMBRE.

Actes officiels. — Le bataillon dit des tirailleurs de Belleville est dissous. — Les hommes appartenant à ce bataillon sont tenus de remettre leurs armes et leur équipement entre les mains du commandant de l'artillerie du 3e secteur, dans le délai de trois jours, sous peine d'être poursuivis comme détenteurs d'armes de guerre. Les hommes ayant fait partie du bataillon dissous, qui méritent par leur conduite d'être maintenus dans la garde nationale, composeront le noyau d'un nouveau bataillon formé par les soins du commandant général supérieur.

Les porteurs de reconnaissances d'objets engagés au Mont-de-Piété, du 19 juillet au 30 septembre 1870, pour un prêt n'excédant pas quinze francs, et consistant en vêtements, sommiers, matelas, couvertures, draps de lit et chemises, dont la remise gratuite a été autorisée par les décrets des 1er et 12 octobre, sont invités à se présenter, soit au chef-lieu, soit aux deux succursales, jusqu'au 20 décembre présent mois, s'ils veulent profiter du bénéfice de la mesure prise par le gouvernement de la défense nationale. Passé ce délai, les demandes de dégagements gratuits ne pourront plus être accueillies.

Pas de faits de guerre.

7 DÉCEMBRE.

Actes officiels. — Les obsèques du général de division Renault, commandant le deuxième corps de la deuxième armée, auront lieu à l'église des Invalides, aux frais de l'Etat.

Pas de faits de guerre.

8 DÉCEMBRE.

Actes officiels. — Défense est faite à tout détenteur de chevaux, ânes et mulets, d'en disposer autrement que pour les besoins de l'Etat, représenté par le ministre de la guerre et par le ministre de l'agriculture et du commerce. — La vente desdits animaux ne pourra être faite qu'aux délégués des deux ministres ci-dessus désignés. Des commissions sont constituées pour l'achat desdits animaux qui seront présentés tous les jours, de huit heures à midi, au marché aux chevaux. — Toute infraction aux dispositions du présent arrêté sera punie des peines édictées par les lois, et notamment par l'article 14 de la loi du 19 brumaire an III.

Pas de faits militaires.

9 DÉCEMBRE.

Pas d'actes officiels ; pas de faits de guerre.

10 DÉCEMBRE.

Actes officiels. — Réquisition est faite de toutes les quantités de houille et de coke, approvisionnées, à quelque titre que ce soit, dans Paris et dans les communes situées en deçà de la ligne d'investissement. Cette disposition ne s'applique pas aux quantités de combustible inférieures à 5,000 kilogrammes, et destinées à la consommation domestique. Le prix des houilles et cokes sera payé aux détenteurs suivant qualité, en prenant pour base le prix moyen résultant des cours du mois de septembre dernier, majoré de 20 0/0 et augmenté des seuls frais de transport et de manutention, le tout déterminé suivant estimation par arbitres.

Pas de faits de guerre.

11 DÉCEMBRE.

Pas de faits de guerre.

Actes officiels. — Arrêtés : A partir de ce jour, il est interdit aux boulangers de fabriquer des biscuits de mer ou de troupe. Cette prohibition ne s'applique pas aux boulangers soumissionnaires de cette denrée vis-à-vis de l'administration de la guerre, dans la limite des commandes qu'ils auront reçues de l'intendance. A partir du mardi 13, il est interdit à tous boulangers et débitants de comestibles de mettre en vente des biscuits dits de mer ou de troupe. Les détenteurs de cette denrée devront déclarer à la mairie de leur domicile les quantités qu'ils possèdent à cette date. — Réquisition est faite pour les besoins de la boulangerie, de tous les bois blancs dits de boulange, ainsi que des bois d'essence de hêtre ou autres existants chez les marchands de bois ou partout ailleurs. Cette réquisition ne s'étend pas aux provisions qui se trouvent au domicile particulier de chaque boulanger. — La vente de la farine est interdite à partir de ce jour. En conséquence, défense est faite aux boulangers de vendre de la farine et de l'employer à tout autre usage que la fabrication du pain.

12 DÉCEMBRE.

Actes officiels. — Décrets : Déclaration par le gouvernement que le pain ne sera pas rationné. — M. le baron Saillard, ministre plénipotentiaire, officier de la Légion d'honneur, chef du 1er bataillon des gardes mobiles de la Seine, est nommé commandeur de la Légion d'honneur. — La prorogation de délais accordée par la loi du 13 août et les décrets des 10 septembre, 11 octobre et 14 novembre 1870, relatifs aux effets de commerce, est augmentée d'un mois, à partir du 14 décembre.

Pas de faits de guerre.

13 DÉCEMBRE.

Pas d'actes officiels ; pas de faits de guerre.

14 DÉCEMBRE.

Actes officiels. — Le bataillon dit des *Volontaires du 147e* est dissous.

Faits de guerre. — Le Mont-Valérien ne cesse de bombarder les hauteurs de l'Ouest.

15 DÉCEMBRE.

Actes officiels. — Décrets : Une faculté de droit est établie dans la ville de Bordeaux. — Réquisition de tous les chevaux, ânes et mulets. Les détenteurs deviennent de simples gardiens. Les animaux seront pesés vivants et payés comptant à raison de 1 fr. 75 le kilog. au maximum, et de 1 fr. 25 par kilog. au minimum. — L'abattage des chevaux, ânes et mulets est absolument interdit, aussi bien dans le territoire compris en deçà de la ligne d'investissement et Paris, que dans Paris même.

Faits de guerre. — On continue très-activement les essais des nouveaux canons et des mitrailleuses. Ces expériences donnent des résultats satisfaisants. L'ennemi concentre à l'ouest de Paris la plus grande partie de ses forces. La plupart des bataillons de guerre de notre garde nationale sont entrés en ligne.

16 DÉCEMBRE.

Actes officiels. — Décrets : de nombreuses promotions dans l'ordre de la Légion d'honneur ont eu lieu ; — le Gouvernement de la défense nationale alloue aux maires et adjoints de Paris une indemnité individuelle et mensuelle de 300 fr. par mois.

Faits de guerre. — A la pointe du jour, de fortes décharges de mitrailleuses se faisaient entendre du côté de Sèvres et Saint-Cloud. A sept heures et demie, sur toute la ligne de l'ouest, le silence n'était plus troublé que par quelques feux de tirailleurs.

17 DÉCEMBRE.

Actes officiels. — Décrets : les déposants aux caisses d'épargne qui ont demandé des remboursements en espèces et qui auront encore à leur compte une provision suffisante, seront admis, à partir du 18 de ce mois, à faire une nouvelle demande de remboursement en espèces de 50 francs ; — le palais domanial de l'Élysée, situé rue du Faubourg-Saint-Honoré, nos 55 et 57, à Paris, est affecté au département de l'intérieur pour le service de l'état-major des gardes nationales de la Seine.

Faits de guerre. — Peu de nouvelles ; peu d'opérations militaires, par un temps de brume et de pluie. Bicêtre et les Hautes-Bruyères ont fortement canonné l'Hay. Le Mont-Valérien a lancé quelques obus sur Rueil où l'ennemi semblait menacer nos avant-postes.

18 DÉCEMBRE.

Actes officiels. — Nominations de militaires dans l'ordre national de la Légion d'honneur. Pas de faits militaires.

19 DÉCEMBRE.

Actes officiels. — A partir de ce jour, à midi, les portes de Paris seront fermées.

Pas de faits de guerre.

20 DÉCEMBRE.

Actes officiels. — Décret qui confère la croix de la Légion d'honneur à un grand nombre de personnes, dans les trois armées de Paris.

Faits de guerre. — Nouvelle attaque par nos troupes sur un grand développement, depuis le Mont-Valérien jusqu'à Nogent. Occupation de Neuilly-sur-Marne, Ville-Evrard, Maison-Blanche. Attaque infructueuse sur le Bourget.

21 DÉCEMBRE.

Actes officiels. — Nominations de grades dans la garde nationale mobile.

Faits de guerre. — Pendant près de trois heures, les troupes se sont maintenues dans le nord du Bourget, jusqu'au delà de l'église, luttant pour conquérir les maisons une à une, sous les feux tirés des caves et des fenêtres et sous une grêle de projectiles. Elles ont dû se retirer ; leur retraite s'est faite avec calme.

22 DÉCEMBRE.

Pas d'actes officiels.

Faits de guerre. — Occupation de la Ville-Évrard et de la Maison-Blanche par nos troupes. Mort du général Blaise.

23 DÉCEMBRE.

Actes officiels. — Décrets : le journal la *Patrie* est suspendu pour trois jours ; — nominations dans la garde nationale mobile ; — promotions dans l'ordre national de la Légion d'honneur. Pas de faits de guerre.

24 DÉCEMBRE.

Pas d'actes officiels.

Faits de guerre. — Bombardement du Bourget. La journée se passe sans incident remarquable.

25 DÉCEMBRE.

Actes officiels. — Décrets : promotions dans le corps des officiers de marine ; — promotions dans l'ordre de la Légion d'honneur.

Faits de guerre. — Les troupes ont cruellement souffert pendant la nuit ; de nombreux cas de congélation se sont produits.

26 DÉCEMBRE.

Pas d'actes officiels.

Faits de guerre. — Opération sur la Maison-Blanche, conduite par le colonel Valette, avec trois bataillons de mobiles très-bien dirigés. La grand'garde ennemie a été chassée ; du parc on a fait six prisonniers. Le mur a été complètement abattu, ce qui ôte à l'ennemi toute possibilité de s'y abriter pour inquiéter nos postes. Nos pertes sont d'un homme tué et huit blessés, dont un officier.

27 DÉCEMBRE.

Actes officiels. — Il est créé, dans la garde nationale de la Seine, trente-deux nouveaux régiments de Paris, portant les numéros 28 à 59.

Faits de guerre. — Essai de bombardement, par les Prussiens, des forts de Noisy, Rosny, Nogent et du plateau d'Avron, à l'aide des canons Krupp.

28 DÉCEMBRE.

Actes officiels — En attendant la présentation et l'approbation du budget de 1871, l'administration des hospices et des hôpitaux du département de la Seine effectuera ses recettes et ses dépenses ordinaires, pendant l'année 1871, conformément au budget de l'assistance publique, voté et approuvé pour l'exercice 1870.

Faits de guerre. — On estime à 5 ou 6,000 les projectiles lancés à Paris par les batteries prussiennes. Le chemin entre Rosny et Avron était impraticable, les projectiles y arrivant en très-grand nombre. Il y a des blessés dans le village et sur le chemin de fer.

29 DÉCEMBRE.

Actes officiels. — Ne recevront pas leur application, pour l'élection de l'Assemblée nationale, les articles 84 à 90 de la loi du 45 mars 1849, à l'exception des dispositions du paragraphe 4 de l'article 82 qui concerne les préfets et sous-préfets, et du paragraphe 5 de l'article 85.

En conséquence, les préfets et sous-préfets ne seront pas éligibles dans les départements où ils exercent leurs fonctions.

— Les officiers de tous grades appartenant à la garde nationale et qui ne sont pas membres de la Légion d'honneur pourront recevoir pour fait de guerre, la médaille militaire.

— Tous les corps francs (éclaireurs, francs-tireurs, guérillas, etc.), faisant fonctions de l'armée de Paris, sont dissous.

Un règlement spécial déterminera le mode de licenciement et de désarmement de ces corps.

Ceux de ces corps qui perçoivent des allocations en deniers ou en nature, continueront à les recevoir jusqu'au 1er avril.

Faits de guerre. — Évacuation du plateau d'Avron par notre infanterie et par notre artillerie, moins puissante que les canons Krupp. Continuation du bombardement des forts de Noisy, Rosny et Nogent.

30 DÉCEMBRE.

Actes officiels. — Le second décime pour franc établi, par les décrets des 17 juin 1848 et 2 octobre 1851, sur toutes les taxes de l'octroi de Paris, autres que celles qui frappent les vins en cercles, les cidres et poirés, les bières fabriquées dans Paris et les viandes, est et demeure maintenu pour l'année 1871.

Faits de guerre. — Le feu de l'ennemi a recommencé ce matin à 7 heures 45 ; il a été vif pendant une partie de la journée, mais il n'a pas produit de sérieux effets. Il n'y a eu que trois blessés au fort de Nogent, sur lequel se sont portés principalement ses efforts, et deux au fort de Rosny.

Le fort de Nogent a cependant été bombardé de huit heures du matin à quatre heures et demie du soir.

31 DÉCEMBRE.

Actes officiels. — Le corps d'artillerie, constitué par décret en date du 23 septembre 1870, sous le nom de corps franc d'artillerie (service des mitrailleuses), prendra à l'avenir la dénomination de *corps d'artillerie des mitrailleuses*. Il sera affecté à l'essai et au service des pièces et autres engins de guerre fabriqués par l'industrie privée. Il sera composé de huit batteries à pied, d'un parc d'artillerie et d'une batterie de parc montée. Les engagements n'auront lieu et les grades ne seront conférés que pour la durée de la guerre.

Pas de faits de guerre.

1er JANVIER.

Actes officiels. — Proclamation de la commission des barricades.

Faits de guerre. — Le feu de l'ennemi, qui s'est ralenti à partir de onze heures, a été presque nul sur les forts de Noisy et Rosny, pendant l'après-midi. On a continué à tirer lentement sur Nogent, qui n'a eu qu'un homme blessé légèrement.

2 JANVIER.

Actes officiels. — La législation relative aux annonces judiciaires est maintenue, sauf les modifications suivantes : Devront être insérées gratuitement, dans quatre journaux désignés, les annonces et publications qui seraient nécessaires pour la validité et la publicité des contrats et procédures dans les affaires suivies par application de la loi des 29 novembre, 7 décembre 1850 et 22 janvier 1851, sur l'assistance judiciaire.

Faits de guerre. — **La nuit a été calme.** Deux ou trois explosions se sont fait entendre sur le plateau de Châtillon. La Tour des Anglais a sauté. L'ennemi semble y travailler activement. Une forte patrouille a pénétré cette nuit dans Rueil et s'est retirée après avoir essuyé le feu du poste de l'avenue de la Gare. Le bombardement des forts de Nogent, Rosny et Noisy, et des villages environnants, a continué ce matin, sans causer de dommages bien sérieux. Le feu est vif sur Nogent, et des obus, dont beaucoup éclatent en l'air, sont dirigés sur le village.

3 JANVIER.

Actes officiels. — Un nouveau délai de trois mois est accordé aux locataires habitant le département de la Seine, qui déclareront être dans la nécessité d'y recourir pour le payement du terme de loyer échu le 1er janvier 1871, et des termes précédemment échus qui ne seraient pas encore acquittés. — Il est ouvert au ministre de l'intérieur, sur le budget extraordinaire de 1871, un crédit provisoire de vingt millions (20,000,000 fr.), pour faire face aux dépenses des gardes nationales de France.

Faits de guerre. — **Le feu contre nos forts a** repris ce matin avec vivacité. Il a été extrêmement violent jusqu'à quatre heures trois quarts sur le fort de Nogent. Sur Bondy, le feu a continué à raison de trois coups par minute. Au fort de Rosny, le feu a été assez actif.

4 JANVIER.

Pas d'actes officiels.
Faits de guerre. — Le bombardement des forts de l'Est a continué aujourd'hui ; le fort de Nogent a reçu plus de 1,200 obus, qui n'ont pas produit plus d'effets que les jours précédents.

5 JANVIER.

Actes officiels. — Tout particulier qui, à partir de ce moment, et pendant une période de trois mois après la levée du siége, fera sortir du grain de Paris sans un ordre écrit du ministre de l'agriculture et du commerce, sera puni d'une amende de 500 fr. à 1,000 fr., et de la confiscation de la marchandise.

Faits de guerre. — Commencement du bombardement de Paris. Les accidents causés par cette première journée sont en petit nombre.

6 JANVIER.

Actes officiels. — Réquisition est faite de toutes les quantités d'asphaltes, bitumes et autres matières analogues, d'huiles lourdes, de goudron, de brai et tannée, approvisionnées à quelque titre que ce soit dans Paris et dans les communes situées en deçà de la ligne d'investissement.

Faits de guerre. — Continuation du bombardement. Même solidité dans la garnison des forts et dans la population. Le gouverneur parcourt toutes les parties de l'enceinte.

7 JANVIER.

Pas d'actes officiels.
Faits de guerre. — Le bombardement tient en éveil toute la nuit les populations de Montrouge, de la Maison-Blanche, de Vaugirard, de Grenelle.

8 JANVIER.

Pas d'actes officiels.
Faits de guerre. — Rude nuit que celle du 7 au 8, pour les quartiers excentriques. On évalue à près de 500 le nombre des obus tombés sur Plaisance, Montrouge et Montparnasse.

9 JANVIER.

Pas d'actes officiels.
Faits de guerre. — Le bombardement des forts de Vanves et de Montrouge continue avec la même vivacité que d'habitude. Partout nos batteries ripostent avec une égale vigueur. Les abords du Panthéon reçoivent beaucoup d'obus.

10 JANVIER.

Pas d'actes officiels.
Faits de guerre. — A partir de cinq heures du matin, le tir de l'ennemi s'est considérablement ralenti au sud de Paris. Seul, le Mont-Valérien répond à de longs intervalles aux batteries du château de Meudon.

11 JANVIER.

Actes officiels. — Tout Français atteint par les bombes prussiennes est assimilé au soldat frappé par l'ennemi. Les veuves de ceux qui auront péri par l'effet du bombardement de Paris, les orphelins de père ou de mère qui auront péri de même, sont assimilés aux veuves et aux orphelins des soldats tués à l'ennemi.

Faits de guerre. — L'ennemi continue à bombarder Paris ; comme les jours précédents, nous avons peu de blessés.

12 JANVIER.

Actes officiels. — La prorogation de délais accordée par la loi et les décrets susvisés, est augmentée d'un mois, à partir du 14 janvier courant, pour tous les effets souscrits antérieurement à la loi du 13 août 1870. — Dans chacun des vingt arrondissements de Paris, et dans chacune des communes suburbaines actuellement habitées, il sera dressé une liste des chevaux dont la conservation est indispensable pour les transports privés impossibles à effectuer à l'aide de voitures à bras. — Il est interdit aux boulangers de fabriquer ou de mettre en vente du pain, dit pain de luxe. Il leur est interdit de bluter ou trier, par un procédé quelconque, les farines qui leur sont livrées par la caisse de la boulangerie. Les boulangers contrevenants seront passibles des peines édictées par les lois; leurs boulangeries pourront être fermées par mesure administrative.

Faits de guerre. — Le bombardement continue pendant la nuit sur la ville. Les villages de Nogent et de Fontenay sont canonnés d'une façon continue, mais très-lentement.

13 JANVIER.

Actes officiels. — Tout détenteur de farines est soumis à la réquisition pour les quantités excédant cinq kilos par ménage, au maximum.

Faits de guerre. — Sortie du général Vinoy contre le Moulin de Pierre. La tête de la colonne ayant été accueillie par un feu des plus vifs, nos troupes sont rentrées dans les lignes. Le contre-amiral Póthuau exécute une reconnaissance entre la Gare-aux-Bœufs et la Seine, sur des embuscades ennemies.

14 JANVIER.

Pas d'actes officiels.

Faits de guerre. — La nuit et la matinée, le bombardement a été violent. Différentes personnes sont tuées ou blessées. Les dommages ont été plus ou moins sérieux sur divers points.

15 JANVIER.

Pas d'actes officiels.

Faits de guerre. — Bien que ce fût dimanche, les Prussiens ont continué à nous canonner comme si ce n'était point jour de fête. De notre côté, nos pièces se sont piquées d'honneur, et il s'est établi entre les batteries ennemies d'une part, nos canons des forts et des remparts de l'autre, un duel d'artillerie tel que tout Paris a cru qu'une grande bataille était engagée sous les murs mêmes de la capitale.

Le commandant de Mirandol a eu une affaire au pont de Champigny, dans laquelle 5 Prussiens dont un officier ont été tués, et 10 blessés.

16 JANVIER.

Actes officiels. — La réquisition mise sur les pommes de terre par le décret du 21 novembre 1870 est levée. En conséquence, le commerce des pommes de terre est libre, à partir de la promulgation du présent décret.

Faits de guerre. — Le feu a été continu, mais lent, et sans aucun résultat, sur le fort de Nogent. Ce matin, vers huit heures, nos troupes ont repoussé une attaque faite sur la maison Millot; le fort de Montrouge a pu tirer à bonne distance sur les hommes qui étaient sortis de Bagneux pour concourir à cette attaque.

17 JANVIER.

Actes officiels. — A partir de jeudi 19 janvier, les boulangers ne distribueront de pain qu'aux porteurs d'une carte d'alimentation de boucherie ou de boulangerie, et dans la mesure indiquée par l'article suivant. La ration de pain est fixée à 300 grammes pour les adultes et à 150 grammes pour les enfants au-dessous de cinq ans. Le prix de la ration de 300 grammes sera de 10 centimes; celui de la ration de 150 grammes sera de cinq centimes.

Faits de guerre. — Le feu ennemi, qui s'était ralenti cette nuit, a repris ce matin avec une nouvelle violence. Ce matin, à 8 heures, le fort de Vanves a ouvert le feu sur la batterie de la Plâtrière, qui n'a répondu que quelques coups. Les batteries de Châtillon ont alors recommencé à tirer, sans causer jusqu'à cette heure de dommage réel.

L'ennemi a tenté une attaque contre Bondy pendant la nuit; il a été repoussé. Il avait massé ses troupes en avant de Créteil

Contre Montrouge, le feu n'a pas été très-vif cette nuit; nous avons eu cependant un officier de marine tué.

18 JANVIER.

Actes officiels. — Des perquisitions seront faites à Paris et dans le département de la Seine, au domicile de toutes les personnes absentes, à l'effet de rechercher les combustibles, comestibles, denrées et liquides de toutes natures qui peuvent s'y trouver.

Faits de guerre. — Les forts des batteries de Vaugirard et du Point-du-Jour, et surtout le fort de Vanves, ont canonné sans relâche et avec succès les positions prussiennes. Le 6e secteur a même complétement éteint le feu de la batterie des Châlets.

Nogent a subi un feu très-vif dans la matinée.

Pendant toute la nuit, la ville a été bombardée et un commencement d'incendie s'est déclaré à la Halle aux Vins.

19 JANVIER.

Pas d'actes officiels.

Faits de guerre. — La canonnade ennemie dirigée sur Paris a subi de notables variations. Très-faible pendant la soirée du 19, elle s'est accentuée à partir de minuit, a continué assez vive, puis s'est de nouveau ralentie. Les projectiles, dont un grand nombre n'a pas éclaté, ont frappé comme d'ordinaire les quartiers de la rive gauche, et ils sont tombés, à peu d'exceptions près, dans la plupart des rues et sur les édifices ou établissements déjà atteints.

Quarante-quatre propriétés particulières ont été endommagées.

Si la bataille du 19 janvier n'a pas donné les résultats que Paris en pouvait attendre, elle est l'un des événements les plus considérables du siége, l'un de ceux qui témoignent le plus hautement de la virilité des défenseurs de la capitale.

20 JANVIER.

Actes officiels. — Décret : les cultivateurs qui ont mis en réserve les seigles, orges, escourgeons et méteils pour semences, et généralement tous détenteurs de ces céréales, devront en faire la déclaration au ministère de l'agriculture et du commerce, dans le délai de trois jours à partir de la promulgation du présent décret, sous peine de confiscation, d'une amende de 1,000 fr. et d'un emprisonnement de trois mois.

Arrêté : à partir du 21 janvier, le sucre raffiné ne pourra être vendu plus de 1 fr. 95 c. le kilo., à la vente en gros, et de 2 fr. le kilo., à la vente en détail.

Faits de guerre. — Le brouillard est épais; l'ennemi n'attaque pas. Demande d'un armistice de deux jours pour l'enlèvement des blessés et l'enterrement des morts.

21 JANVIER.

Actes officiels. — Proclamation du gouvernement : le gouvernement de la défense nationale a décidé que le commandement en chef de l'armée de Paris serait désormais séparé de la présidence du gouvernement.

M. le général de division Vinoy est nommé commandant en chef de l'armée de Paris.

Le titre et les fonctions de gouverneur de Paris sont supprimés.

M. le général Trochu conserve la présidence du gouvernement.

Faits de guerre. — Le bombardement a commencé sur les forts et sur la ville de St-Denis. La canonnade entre les forts du Sud, les secteurs 6, 7 et 8 et les batteries prusiennes de Châtillon, Clamart, Bagneux, Meudon, Breteuil a été très-vive de part et d'autre.

22 JANVIER.

Actes officiels. — Décrets : Les clubs sont supprimés jusqu'à la fin du siége. Les locaux où ils tiennent leurs séances seront immédiatement fermés. Les contrevenants seront punis conformément aux lois. — Le nombre des conseils de guerre de la 1re division militaire est porté de deux à quatre. — Le journal le *Réveil* et le journal le *Combat* sont supprimés.

Échauffourée de quelques gardes nationaux qui tentent de prendre l'Hôtel-de-Ville. Cette agression, aussi lâche que folle, n'obtient pas les résultats que s'en promettaient les auteurs.

Faits de guerre. — Le bombardement a été lent sur Paris, mais continu sur Vaugirard et Grenelle pendant la nuit; au jour il a repris plus de vigueur. Les forts du Sud ont continué leur tir contre les batteries ennemies, soutenus par les feux de l'enceinte. Dans la matinée, la batterie des marins (7e secteur) a fait sauter la poudrière de la batterie de gauche de Châtillon.

A Saint-Denis, au contraire, le bombardement sévit avec une extrême violence. Cette nuit, dans l'espace d'une heure, 120 obus sont tombés sur la ville.

23 JANVIER.

Pas d'actes officiels.

Faits de guerre. — Le bombardement des forts et de la ville de Saint-Denis se poursuit avec une violence croissante, particulièrement sur le fort de la Briche qui paraît être décidément l'objectif principal. Ajoutons que le cercle des batteries prussiennes s'est sensiblement étendu et rapproché vers le nord-ouest et le nord-est.

24 JANVIER.

Actes officiels. — Promotions dans l'armée.

Faits de guerre. — L'activité de l'armée assiégeante se remarque sur tous les points de la ligne d'investissement. De nouvelles batteries sont installées en arrière de la gorge de Montretout, comme si l'ennemi voulait augmenter ses défenses contre un nouveau retour offensif sur le terrain où s'est produit l'engagement du 19 janvier.

Canonnade plus vigoureuse sur Saint-Denis.

25 JANVIER.

Actes officiels. — Nominations dans l'ordre judiciaire.

Faits de guerre. — Feu de l'ennemi très-violent contre le fort d'Issy, les ouvrages de Vincennes et ceux de Saint-Denis. Les incendies de Saint-Cloud brûlent toujours. Nous continuons la réparation des dégâts éprouvés dans nos ouvrages.

26 JANVIER.

Actes officiels. — Grand nombre de promotions dans l'ordre de la Légion d'honneur.

Faits de guerre. — Le tir de l'ennemi s'est encore sensiblement ralenti sur les fronts Sud et Est de l'enceinte et des forts, mais il a continué avec la plus grande vigueur sur les forts du Nord. Dans la nuit, une certaine recrudescence dans le bombardement, et le nombre de projectiles qui ont éclaté sur la rive gauche s'est élevé d'un jour à l'autre de 79 à 137.

27 JANVIER.

Actes officiels. — Décrets : Prorogation de délais accordés aux effets souscrits. — Prélèvement d'une nouvelle somme de trois millions au moyen de l'émission de bons sur la Caisse municipale, pour l'exécution de travaux et pour secours.

Ce jour, le 133° du blocus de Paris, et qui marque juste un mois depuis le premier acte du bombardement des forts et de la ville, sera une des dates de ce siége extraordinaire.

Il est signalé par trois faits se rapportant tous à la même cause :

La note de *l'Officiel*, relative à la négociation d'un armistice, par suite de la situation actuelle de nos armées de province et de l'état de nos subsistances.

L'absence du *Rapport militaire* quotidien dans le même *Officiel*.

L'extinction complète de la canonnade sur toutes les lignes d'attaque et de défense.

28 JANVIER.

Actes officiels. — Convention d'un armistice entre MM. de Bismarck et Julés Favre.

C'est le général Beaufort d'Hautpoul qui a accompagné M. Jules Favre à Versailles pour en régler les conditions.

Dès le matin, le gouvernement a envoyé plusieurs personnes avec des sauf-conduits pour préparer le ravitaillement de Paris qui, par son sens politique, son calme et son abnégation, se montre à la hauteur des événements, et donne de lui à l'Europe une grande idée.

CONVENTION

Entre M. le comte de Bismarck, chancelier de la Confédération germanique, stipulant au nom de S. M. l'empereur d'Allemagne, roi de Prusse, et M. Jules Favre, ministre des affaires étrangères du gouvernement de la Défense nationale, munis de pouvoirs réguliers,

Ont été arrêtées les conventions suivantes :

ART. PREMIER. — Un armistice général, sur toute la ligne des opérations militaires en cours d'exécution entre les armées allemandes et les armées françaises, commencera pour Paris aujourd'hui même, pour les départements dans un délai de trois jours; la durée de l'armistice sera de vingt et un jours, à dater d'aujourd'hui, de manière que, sauf le cas où il serait renouvelé, l'armistice se terminera partout le dix-neuf février à midi.

Les armées belligérantes conserveront leurs positions respectives qui seront séparées par une ligne de démarcation. Cette ligne partira de Pont-l'Evêque, sur les côtes du département de Calvados, se dirigera sur Lignières, dans le nord-est du département de la Mayenne, en passant entre Briouze et Fromentel; en touchant au département de la Mayenne à Lignières, elle suivra la limite qui sépare ce département de celui de l'Orne et de la Sarthe, jusqu'au nord de Morannes, et sera continuée de manière à laisser à l'occupation allemande les départements de la Sarthe, Indre-et-Loire, Loir-et-Cher, du Loiret, de l'Yonne, jusqu'au point où, à l'est de Quarré-les-Tombes, se touchent les départements de la Côte-d'Or, de la Nièvre et de l'Yonne. A partir de ce point, le tracé de la ligne sera réservé à une entente qui aura lieu aussitôt que les parties contractantes seront renseignées sur la situation actuelle des opérations militaires en exécution dans les départements de la Côte-d'Or, du Doubs et du Jura. Dans tous les cas, elle traversera le territoire composé de ces trois départements, en laissant à l'occupation allemande les départements situés au nord, à l'armée française ceux situés au midi de ce territoire.

Les départements du Nord et du Pas-de-Calais, les forteresses de Givet et de Langres, avec le terrain qui les entoure à une distance de dix kilomètres, et la péninsule du Havre, jusqu'à une ligne à tirer d'Etretat, dans la direction de Saint-Romain, resteront en dehors de l'occupation allemande.

Les deux armées belligérantes et leurs avant-postes de part et d'autre, se tiendront à une distance de dix kilomètres au moins des lignes tracées pour séparer leurs positions.

Chacune des deux armées se réserve le droit de maintenir son autorité dans le territoire qu'elle occupe, et d'employer les moyens que ses commandants jugeront nécessaires pour arriver à ce but.

L'armistice s'applique également aux forces navales des deux pays, en adoptant le méridien de Dunkerque comme ligne de démarcation, à l'ouest de laquelle se tiendra la flotte française, et à l'est de laquelle se retireront, aussitôt qu'ils pourront être avertis, les bâtiments de guerre allemands qui se trouvent dans les eaux occidentales.

Les captures qui seraient faites après la conclusion et avant la notification de l'armistice, seront restituées, de même que les prisonniers qui pourraient être faites de part et d'autre, dans des engagements qui auraient eu lieu dans l'intervalle indiqué.

Les opérations militaires sur le terrain des départements du Doubs, du Jura et de la Côte-d'Or, ainsi que le siége de Belfort, se continueront indépendamment de l'armistice, jusqu'au moment où on se sera mis d'accord sur la ligne de démarcation dont le tracé à travers les trois départements mentionnés a été réservé à une entente ultérieure.

Art. 2. — L'armistice ainsi convenu a pour but de permettre au gouvernement de la Défense nationale de convoquer une Assemblée librement élue qui se prononcera sur la question de savoir : si la guerre doit être continuée, ou à quelles conditions la paix doit être faite.

L'Assemblée se réunira dans la ville de Bordeaux.

Toutes les facilités seront données par les commandants des armées allemandes pour l'élection et la réunion des députés qui la composeront.

Art. 3. — Il sera fait immédiatement remise à l'armée allemande, par l'autorité militaire française, de tous les forts formant le périmètre de la défense extérieure de Paris, ainsi que de leur matériel de guerre. Les communes et les maisons situées en dehors de ce périmètre ou entre les forts pourront être occupées par les troupes allemandes, jusqu'à une ligne à tracer par des commissaires militaires. Le terrain restant entre cette ligne et l'enceinte fortifiée de la ville de Paris sera interdit aux forces armées des deux parties. La manière de rendre les forts, et le tracé de la ligne mentionnée formeront l'objet d'un protocole à annexer à la présente Convention.

Art. 4. — Pendant la durée de l'armistice, l'armée allemande n'entrera pas dans la ville de Paris.

Art. 5. — L'enceinte sera désarmée de ses canons, dont les affûts seront transportés dans les forts à désigner par un commissaire de l'armée allemande (1).

Art. 6. — Les garnisons (armée de ligne, garde mobile et marins) des forts et de Paris seront prisonnières de guerre, sauf une division de douze mille hommes que l'autorité militaire dans Paris conservera pour le service intérieur.

Les troupes prisonnières de guerre déposeront leurs armes, qui seront réunies dans des lieux désignés et livrées suivant règlement par commissaires suivant l'usage ; ces troupes resteront dans l'intérieur de la ville, dont elles ne pourront pas franchir l'enceinte pendant l'armistice. Les autorités françaises s'engagent à veiller à ce que tout individu appartenant à l'armée et à la garde mobile reste consigné dans l'intérieur de la ville. Les officiers des troupes prisonnières seront désignés par une liste à remettre aux autorités allemandes.

À l'expiration de l'armistice, tous les militaires appartenant à l'armée consignée dans Paris auront à se constituer prisonniers de guerre de l'armée allemande, si la paix n'est pas conclue jusque-là.

Les officiers prisonniers conserveront leurs armes.

Art. 7. — La garde nationale conservera ses armes ; elle sera chargée de la garde de Paris et du maintien de l'ordre. Il en sera de même de la gendarmerie et des troupes assimilées, employées dans le service municipal, telles que garde républicaine, douaniers et pompiers ; la totalité de cette catégorie n'excédera pas trois mille cinq cents hommes.

Tous les corps de francs-tireurs seront dissous par une ordonnance du gouvernement français.

Art. 8. — Aussitôt après la signature des présentes et avant la prise de possession des forts, le commandant en chef des armées allemandes donnera toutes facilités aux commissaires que le gouvernement français enverra, tant dans les départements qu'à l'étranger, pour préparer le ravitaillement et faire approcher de la ville les marchandises qui y sont destinées.

Art. 9. — Après la remise des forts et après le désarmement de l'enceinte et de la garnison stipulés dans les articles 5 et 6, le ravitaillement de Paris s'opérera librement par la circulation sur les voies ferrées et fluviales. Les provisions destinées à ce ravitaillement ne pourront être puisées dans le terrain occupé par les troupes allemandes, et le gouvernement français s'engage à en faire l'acquisition en dehors de la ligne de démarcation qui entoure les positions des armées allemandes, à moins d'autorisation contraire donnée par les commandants de ces dernières.

Art. 10. — Toute personne qui voudra quitter la ville de Paris devra être munie de permis réguliers délivrés par l'autorité militaire française, et soumis au visa des avant-postes allemands. Ces permis et visas seront accordés de droit aux candidats à la députation en province et aux députés à l'Assemblée.

La circulation des personnes qui auront obtenu l'autorisation indiquée, ne sera admise qu'entre six heures du matin et six heures du soir.

Art. 11. — La ville de Paris payera une contribution municipale de guerre de la somme de deux cents millions de francs. Ce payement devra être effectué avant le quinzième jour de l'armistice. Le mode de payement sera déterminé par une commission mixte allemande et française.

Art. 12. — Pendant la durée de l'armistice, il ne sera rien distrait des valeurs publiques pouvant servir de gages au recouvrement des contributions de guerre.

---

(1) Dans le protocole, cette condition du transport des affûts dans les forts a été abandonnée par les commissaires allemands, sur la demande des commissaires français.

Art. 13. — L'importation dans Paris d'armes, de munitions ou de matières servant à leur fabrication, sera interdite pendant la durée de l'armistice.

Art. 14. — Il sera procédé immédiatement à l'échange de tous les prisonniers de guerre qui ont été faits par l'armée française depuis le commencement de la guerre. Dans ce but, les autorités françaises remettront, dans le plus bref délai, des listes nominatives des prisonniers de guerre allemands aux autorités militaires allemandes à Amiens, au Mans, à Orléans et à Vesoul. La mise en liberté des prisonniers de guerre allemands s'effectuera sur les points les plus rapprochés de la frontière. Les autorités allemandes remettront en échange, sur les mêmes points, et dans le plus bref délai possible, un nombre pareil de prisonniers français, de grades correspondants, aux autorités militaires françaises.

L'échange s'étendra aux prisonniers de condition bourgeoise, tels que les capitaines de navires de la marine marchande allemande, et les prisonniers français civils qui ont été internés en Allemagne.

Art. 15. — Un service postal pour des lettres non cachetées sera organisé entre Paris et les départements, par l'intermédiaire du quartier général de Versailles.

En foi de quoi les soussignés ont revêtu de leurs signatures et de leur sceau les présentes conventions.

Fait à Versailles, le vingt-huit janvier mil huit cent soixante-et-onze.

Signé : JULES FAVRE   BISMARCK

PROCLAMATION

ADRESSÉE

PAR LE GOUVERNEMENT DE PARIS AU PEUPLE FRANÇAIS

(Cette proclamation n'a été ni affichée à Paris ni publiée par l'*Officiel*.)

Citoyens,

Nous venons dire à la France dans quelle situation et après quels efforts Paris a succombé. L'investissement a duré depuis le 16 septembre jusqu'au 28 janvier. Pendant tout ce temps, sauf quelques dépêches, nous avons vécu isolés du reste du monde. La population virile tout entière a pris les armes, les jours à l'exercice et les nuits aux remparts et aux avant-postes. Le gaz nous a manqué le premier, et la ville a été plongée le soir dans l'obscurité ; puis est venue la disette de bois et de charbon. Il a fallu, dès le mois d'octobre, suppléer à la viande de boucherie en mangeant des chevaux ; à partir du 15 décembre, nous n'avons pas eu d'autre ressource.

Pendant six semaines, les Parisiens n'ont mangé par jour que 30 grammes de viande de cheval ; depuis le 18 janvier, le pain, dans lequel le froment n'entre plus que pour un tiers, est tarifé à 300 grammes par jour ; ce qui fait, en tout, pour un homme valide, 330 grammes de nourriture. La mortalité, qui était de 1,500, a dépassé 5,000, sous l'influence de la variole persistante et de privations de toutes sortes. Toutes les fortunes ont été atteintes, toutes les familles ont eu leur deuil.

Le bombardement a duré un mois, et a foudroyé la ville de Saint-Denis et presque toute la partie de Paris située sur la rive gauche de la Seine.

Au moment où la résistance a cessé, nous savions que nos armées étaient refoulées sur les frontières et hors d'état d'arriver à notre secours. L'armée de Paris, secondée par la garde nationale, qui s'est courageusement battue et a perdu un grand nombre d'hommes, a tenté, le 19 janvier, une entreprise que tout le monde qualifiait d'acte de désespoir. Cette tentative, qui avait pour but de percer les lignes de l'ennemi, a échoué, comme aurait échoué toute tentative de l'ennemi pour percer les nôtres.

Malgré l'ardeur de nos gardes nationaux, qui, ne consultant que leur courage, se déclaraient prêts à retourner au combat, il ne nous restait aucune chance de débloquer Paris, ou de l'abandonner en jetant l'armée au-dehors et la transformant en armée de secours. Tous les généraux déclaraient que cette entreprise ne pouvait être essayée sans folie ; que les ouvrages des Allemands, leur nombre, leur artillerie, rendaient leurs lignes infranchissables ; que nous ne trouverions au-delà, si par impossible nous leur passions sur le corps, qu'un désert de trente lieues ; que nous y péririons de faim, car il ne fallait pas penser à emporter des vivres, puisque déjà nous étions à bout de ressources.

Les divisionnaires furent consultés après les chefs d'armée, et répondirent comme eux. On appela, en présence des ministres et des maires de Paris, les colonels et les chefs de bataillon signalés pour les plus braves. Même réponse. On pouvait se faire tuer, mais on ne pouvait plus vaincre.

A ce moment, quand on avait perdu tout espoir de secours et toute chance de succès, il nous restait du pain assuré pour 8 jours, et de la viande de cheval pour 15 jours, en abattant tous les chevaux. Avec les chemins de fer détruits, les routes effondrées, la Seine obstruée, ce n'était pas, tant s'en faut, la certitude d'aller jusqu'à l'heure du ravitaillement. Aujourd'hui même nous tremblons de voir cesser le pain et les autres provisions avant l'arrivée des premiers convois. Nous avons donc tenu au-delà du possible, nous avons affronté la chance qui nous menace encore de soumettre aux horribles éventualités de la famine une population de deux millions d'âmes.

Nous disons hautement que Paris a fait absolument et sans réserve tout ce qu'une ville assiégée pouvait faire. Nous rendons à la population que l'armistice vient de sauver, ce témoignage qu'elle a été jusqu'à la fin d'un courage et d'une constance héroïques. La France, qui retrouve Paris après cinq mois, peut être fière de sa capitale.

Nous avons cessé la résistance, rendu les forts, désarmé l'enceinte ; notre garnison est prisonnière de guerre ; nous payons une contribution de deux cents millions.

Mais l'ennemi n'entre pas dans Paris ; il reconnaît le principe de la souveraineté populaire ; il laisse à notre garde nationale ses armes et son organisation ; il laisse intacte une division de l'armée de Paris.

Nos régiments gardent leurs drapeaux, nos officiers gardent leurs épées. Personne n'est emmené prisonnier hors de l'enceinte. Jamais place assiégée ne s'est rendue dans des conditions aussi honorables, et ces conditions sont obtenues quand le secours est impossible et le pain épuisé.

Enfin, l'armistice qui vient d'être conclu a pour effet immédiat la convocation, par le gouvernement de la République, d'une Assemblée qui décidera souverainement de la paix ou de la guerre.

L'empire, sous ses diverses formes, offrait à l'ennemi de commencer des négociations. L'Assemblée arrivera à temps pour mettre à néant ces intrigues et pour sauvegarder le principe de la souveraineté nationale. La France seule décidera des destinées de la France. Il a fallu se hâter ; le retard, dans l'état où nous sommes, était le plus grand péril. En huit jours, la France aura choisi ses mandataires. Qu'elle préfère les plus dévoués, les plus désintéressés, les plus intègres.

Le grand intérêt pour nous, c'est de revivre et de panser les plaies saignantes de la patrie. Nous sommes convaincus que cette terre ensanglantée et ravagée produira des moissons et des hommes, et que la prospérité nous reviendra après tant d'épreuves, pourvu que nous sachions mettre à profit, sans aucun délai, le peu de jours que nous avons pour nous reconstituer et nous consulter.

Le jour même de la réunion de l'Assemblée, le gouvernement déposera le pouvoir entre ses mains. Ce jour-là la France, en se regardant, se retrouvera profondément malheureuse ; mais si elle se trouve aussi retrempée par le malheur et en pleine possession de son énergie et de sa souveraineté, elle sentira renaître sa foi dans la grandeur de son avenir.

RÉCAPITULATION DES PERTES QUE LA POPULATION CIVILE A SUBIES DURANT LES VINGT-DEUX JOURS DE BOMBARDEMENT.

Le premier obus qui soit entré dans Paris a franchi l'enceinte en arrière du fort de Vanves, dans l'après-midi du 6 janvier. La première victime frappée mortellement l'a été rue Fermat, 14, derrière le cimetière Montparnasse.

Du 26 au 27, 4 morts, 9 blessés. Dans ce dernier et inutile sacrifice d'existences, un seul coup a, rue Blomet, tué trois personnes et en a blessé trois autres.

En somme, Paris a perdu 31 enfants, 23 femmes et 53 hommes ; soit 107 personnes tuées sur le coup, et, de plus, une partie des 276 blessés, qui n'ont survécu que peu de temps à leurs blessures. Parmi ces 276 blessés, on compte 36 enfants, 92 femmes et 148 hommes.

Tués ou blessés, le total est de 67 personnes atteintes pour les enfants, de 115 pour les femmes et de 201 pour les hommes. Le total général est de 383 personnes frappées dans les rangs de la population civile.

Le jour le moins coûteux est celui du 22 au 23 ; le plus sanglant celui du 8 au 9. Dans celui-ci, ainsi que dans les journées du 9 au 10, celui du 13 au 14 et du 14 au 15, le nombre des victimes s'est élevé au delà du chiffre 30.

Les nombres suivants donnent les totaux des décès pendant chacune des douze dernières semaines s'arrêtant au 3 février.

Semaine du 13 au 19 novembre....	2,064 décès.
— 20 au 26.............	1,926
— 27 nov. au 3 déc......	2,023
— 4 au 10.............	2,635
— 11 au 17.............	2,728
— 18 au 24.............	2,728
— 25 au 31.............	3,280
— 1er au 6 janvier.......	3,680
— 7 au 13.............	3,982
— 14 au 20············.	4,465
— 21 au 27.............	4,376
— 28 janvier au 3 février.	4,671

DÉPARTS DE BALLONS

Pendant le siége, l'administration des postes a fait partir cinquante-quatre ballons, qui ont emporté environ 2,500,000 lettres, représentant un poids total de 10,000 kilogr.

Voici la liste de ces ballons, que nous avons relevée très-exactement, croyons-nous :

Neptune, parti le 23 septembre.
Cità di Firenze, parti le 25 septembre.
Etats-Unis, parti le 29 septembre.
Céleste, parti le 30 septembre (celui-ci est le seul qui ait été chargé des cartes-poste)
Armand Barbès, parti le 7 octobre (a emporté Gambetta et les premiers pigeons).
Washington, parti le 12 octobre.
Louis-Blanc, parti le 12 octobre.
Godefroy-Cavaignac, parti le 14 octobre (départ de Kératry).
Guillaume-Tell, parti le 14 octobre (départ de Ranc).
Jules-Favre, parti le 16 octobre.
Jean-Bart, parti le 16 octobre.
Victor-Hugo, parti le 18 octobre.
Lafayette, parti le 19 octobre.
Garibaldi, parti le 22 octobre.
Montgolfier, parti le 25 octobre.
Vauban, parti le 27 octobre (tombé près de Verdun, dans les lignes prussiennes. Les aéronautes s'échappèrent).
Colonel-Charras, parti le 29 octobre.
Fulton, parti le 2 novembre.
Ferdinand-Flocon, parti le 4 novembre.
Galilée, parti le 4 novembre (capturé).
Ville-de-Châteaudun, parti le 6 novembre.
Gironde, parti le 8 novembre.
Daguerre, parti le 12 novembre (capturé).
Niepce, parti le 12 novembre.
Général-Uhrich, parti le 18 novembre.
Archimède, parti le 24 novembre (a atterri en Hollande).
Ville-d'Orléans, parti le 24 novembre (a atterri en Norwége).
Jacquard, parti le 28 novembre).
Jules-Favre (second du même nom), parti le 30 novembre (paraît s'être perdu en mer).
Francklin, parti le 5 décembre.
Denis-Papin, parti le 7 décembre.

Général-Renault, parti le 11 décembre.
Ville-de-Paris, parti le 15 décembre (tombé dans le duché de Nassau, l'aéronaute Delamarne a publié un récit curieux).
Parmentier, parti le 17 décembre.
Guttenberg, parti le 17 décembre.
Davy, parti le 18 décembre.
Général-Chanzy, parti le 20 décembre.
Lavoisier, parti le 22 décembre.
Délivrance, parti le 23 décembre.
Tourville, parti le 27 décembre.
Bayard, parti le 29 décembre.
Armée-de-la Loire, parti le 31 décembre.
Newton, parti le 4 janvier 1871.
Duquesne, parti le 9 janvier 1871.
Gambetta, parti le 10 janvier 1871.
Képler, parti le 11 janvier 1871.
Général-Faidherbe, parti le 13 janvier 1871.
Vaucanson parti le 15 janvier 1871.
Poste-de-Paris, parti le 18 janvier 1871.
Général-Bourbaki, parti le 20 janvier 1871.
Général-Daumesnil, parti le 22 janvier 1871.
Torricelli, parti le 24 janvier 1871.
Richard-Wallace parti le 27 janvier 1871.
Général-Cambronne, parti le 28 janvier 1871.

Il est parti :

26 ballons de la gare d'Orléans ;
16 — de la gare du Nord ;
3 — de la gare de l'Est ;
3 — de la place Saint-Pierre, à Montmartre ;
2 — du jardin des Tuileries ;
2 — du boulevard d'Italie ;
1 — de Vaugirard ;
1 — de la Villette.

Nous devons ajouter la mention de quelques ballons qui, n'étant pas chargés d'une mission postale, ne figurent pas dans ce relevé :

Le *George-Sand,* parti le même jour que l'*Armand Barbès.*
La *Liberté,* de M. Wilfrid Fonvielle, enlevé par le vent le 17 octobre, avant d'être monté.
L'*Egalité,* parti le 25 novembre.
Le *Volta,* parti le 1er décembre, emportant M. Janssen, chargé d'une mission scientifique.
La *Bataille de Paris,* parti le 30 novembre.

FABRICATION DE PROJECTILES

Voici, d'après le *Moniteur de l'Armée*, la note intéressante relative à la fabrication des projectiles pendant le siége de Paris.

La fabrication des projectiles de divers calibres, organisée à Paris par les ordres du ministre de la guerre, dès le 19 septembre 1870, n'a pas tardé à prendre un développement considérable sous la direction du service des forges et de la commission du génie civil.

Les livraisons de projectiles de toute nature, faites à l'artillerie, pendant le cours du siége, ont été :

Obus oblongs ordinaires de 4	6,422
Obus oblongs de 7	89,256
Obus oblongs ordinaires de 8	12,000
Obus oblongs à balles, de 8	1,500
Obus oblongs ordinaires de 12	84,358
Obus oblongs à balles, de 12	3,885
Obus oblongs ordinaires de 24	52,776
Obus de 22 c. de côte	1,000
Boulets sphériques de 50	150
Bombes de 27 c.	3,235
Balles en fer pour boîtes à mitraille, n° 5	5,000
Balles en fer pour boîtes à mitraille, n° 6	500,000

Total, 251,572 projectiles pour bouches à feu et 1,000,000 de balles pour boîtes à mitraille.

Pour arriver à un pareil résultat, il a fallu établir, en très-peu de temps, un immense matériel (modèles, châssis, boîtes à noyaux, lanternes et accessoires divers), et exécuter des travaux de toutes sortes très-délicats et très-minutieux.

La coupole du Panthéon reçoit un obus
dans la nuit du 14 janvier.